JN232751

CODEX

Initiation à la lecture de textes français

SURUGADAI-SHUPPANSHA

表紙：橋浦道子

« Voyage au bout de la nuit » Louis-Ferdinand CÉLINE
©Editions GALLIMARD
« L'Étranger » Albert CAMUS
©Editions GALLIMARD
« Situations, tome III » Jean-Paul SARTRE
©Editions GALLIMARD
« Un homme qui dort » Georges PEREC
©Editions GALLIMARD
« Du monde entier » Blaise CENDRARS
©Editions GALLIMARD
㈱フランス著作権事務所提供

まえがき

　本書は初級フランス語をひととおり学び終えた人のための中級読本です．内容は文学が中心ですが，フランス語の読解力を身につけることが第一の目的ですから，特に文学史的な体系はありません．それぞれに味わい深いテクストを工夫して選択，配列してありますから，楽しみながら「読む力」をつけていけるでしょう．もちろん，フランス語の原典を読むことに慣れ親しみつつ，同時に文学にも興味が開かれれば幸いです．

　実用外国語の必要性が喧伝される昨今，初級フランス語を終えたあと実践的な会話でも作文でもない，文学中心の読本に移るという古典的ともいえる道を選んだことには，もうひとつ別の理由があります．たとえばフランス語で朝夕の挨拶ができ，基礎的な会話表現は一通り心得ていても，そのさきプツリと話題がとぎれてしまうのでは本当にフランス語を使いこなせたとは言えません．実はこれは，語学研修などで短期留学する学生がよく経験することなのです．つまり知識の積み重ねから生まれる教養が身に付いていなければ本来の会話は成り立ちません．話すためには読む必要がある，書くためにも読む必要がある．実用外国語といえども，総合的な学習なしには成り立たないのです．

　したがって，原文読解の訓練を重ねるうちに学習者の知的好奇心が刺激され，それぞれに興味の対象を広げていくことが本書の密かな願いでもあります．たとえば手始めに文庫版の『人権宣言集』や『アベラールとエロイーズ』，『フランス名詩選』や『モーパッサン短編集』などを読んでみる．そして，気に入ったものは原文でも読んでみる．本書はその水先案内人でもあります．

　本書にはフランス人が朗読した CD が付いています．ディクテの練習ではありませんが，繰り返し聞き，そして自ら朗読してみることをお勧めします．実際，私たちが本を読むときは，それが電車の中であれ自分の部屋であれ，いつも必ず頭の中で声を出して読んでいます．つまり書かれた文章もまた音なのです．何度も聞くことによって耳が慣れ，そのうちフランス語独特のリズムを味わいつつ，文章を全体的に把握することが可能となるでしょう．

2002 年 3 月

編　者

CODEX

　コデックスとは今から 2000 年近く前に，それまでの巻物状の書物 VOLUMEN に取って代わるべく登場した冊子状に綴じられた書物のことです．つまり，今日わたしたちが読んでいる本 LIVRE の原型です．この画期的な発明のおかげで，一巻に収められるテクストの量は飛躍的に増大し，目次や索引，丁付けなどを施すことが可能となり，読者は自由に好きなページを開いたり，全体を見渡すことができるようになりました．ヴォルーメンは使い勝手が悪く，両手で巻物を広げながら読まなければならなかったため，筆写したりメモを取るには口述筆記が必要でした．もちろん他の箇所に飛ぶことは困難です．それがコデックスの場合，机の上に置きさえすればひとりで読みながらメモしたり，また別のページに飛んだり，栞を挟んで他の書物に移ったりすることができるのですから，読者の自由は大幅に増大したことになります．今では当たり前になっていることの，コデックスは原点なのです．本書の読者はこの自由を充分に活用しながら，様々な文章の森を存分に逍遥してみてください．

目　次

---

1. 国連総会　　　　　　世界人権宣言　　　　　　　　……………………　p. 2
2. ルナール　　　　　　博物誌　　　　　　　　　　　　……………………　p. 6
3. モリエール　　　　　町人貴族　　　　　　　　　　　……………………　p. 10
4. サンドラール　　　　シベリア横断鉄道　　　　　　　……………………　p. 14
5. カミュ　　　　　　　異邦人　　　　　　　　　　　　……………………　p. 16
6. ラ・フォンテーヌ　　からすときつね　　　　　　　　……………………　p. 18
7. ダントン　　　　　　立法議会での演説　　　　　　　……………………　p. 20
8. ボードレール　　　　異邦人，港　　　　　　　　　　……………………　p. 22
9. モーパッサン　　　　ジュール叔父　　　　　　　　　……………………　p. 26
10. アベ・プレヴォー　　マノン・レスコー　　　　　　　……………………　p. 28
11. ユゴー　　　　　　　静観詩集　　　　　　　　　　　……………………　p. 30
12. ペレック　　　　　　眠る男　　　　　　　　　　　　……………………　p. 32
13. コンスタン　　　　　アドルフ　　　　　　　　　　　……………………　p. 36
14. スタンダール　　　　赤と黒　　　　　　　　　　　　……………………　p. 38
15. ランボー　　　　　　谷間に眠る者，感覚　　　　　　……………………　p. 40
16. フローベール　　　　聖ジュリアン伝　　　　　　　　……………………　p. 44
17. ルソー　　　　　　　ジュリー，または新エロイーズ　……………………　p. 46
18. セリーヌ　　　　　　夜の果ての旅　　　　　　　　　……………………　p. 48
19. 百科全書　　　　　　日本　　　　　　　　　　　　　……………………　p. 50
20. ゾラ　　　　　　　　オ・ボヌール・デ・ダム百貨店　……………………　p. 52
21. パスカル　　　　　　パンセ　　　　　　　　　　　　……………………　p. 54
22. サルトル　　　　　　黒いオルフェ　　　　　　　　　……………………　p. 56
23. プルースト　　　　　失われた時を求めて　　　　　　……………………　p. 58

Appendice 1　　　　　　動詞の時称　　　　　　　　　　……………………　p. 62
Appendice 2　　　　　　フランス作詩法　　　　　　　　……………………　p. 64

CODEX

Initiation à la lecture de textes français

ONU

『世界人権宣言』

Article premier[1]
　Tous les êtres humains naissent libres et égaux en dignité et en droits. Ils sont doués de[2] raison et de conscience et doivent agir les uns envers les autres dans un esprit de fraternité.

Article 2
　Chacun peut se prévaloir de[3] tous les droits et de toutes les libertés proclamés dans la présente Déclaration, sans distinction aucune[4], notamment de race, de couleur, de sexe, de langue, de religion, d'opinion politique ou de toute autre opinion, d'origine nationale ou sociale, de fortune, de naissance ou de toute autre situation. (…)

Article 3
　Tout individu a droit à la vie[5], à la liberté et à la sûreté de sa personne.

Article 4
　Nul[6] ne sera tenu en esclavage ni en servitude ; l'esclavage et la traite des esclaves[7] sont interdits sous toutes leurs formes.

Article 5
　Nul ne sera soumis à[8] la torture, ni à des peines ou traitements cruels, inhumains ou dégradants. (…)

Article 18
　Toute personne a droit à la liberté de pensée, de conscience et de religion; ce droit implique la liberté de changer de[9] religion ou de conviction ainsi que la liberté de manifester sa religion ou sa conviction seul ou en commun, tant en public qu'en privé[10], par l'enseignement, les

●このテキストをフランス大革命の最中 1789 年 8 月 26 日に布告された『人間と市民の権利宣言』と混同してはならない．もっともこのテキストは後者と同様に，啓蒙の世紀の理想であった寛容と自由（ロック，ヴォルテール，ルソーの哲学の遺産），そして普遍的で時間を超えた規範となりたいという野心をもっている．

『世界人権宣言』 *Déclaration universelle des droits de l'homme* は 1948 年 12 月 10 日の，国連総会の決議になるもの（ソヴィエト連邦，五つの「人民共和国」，サウジアラビア，南アフリカは棄権した）である．それは第二次世界大戦中の，とくにナチスが犯した様々な残虐行為（強制収容所，民族浄化）が人類に与えた強い精神的衝撃の直接の結果である．全三十条の条文を通して，『世界人権宣言』は，1789 年の人権宣言よりもなお強く，自由，正義，平和，人間の尊厳を主張している．

世界人権宣言には国連憲章のような法的強制力はない．それは人権擁護のための戦いの道徳的目標を示そうとしている．

・・・・・・・・・・

1) Article premier : Article は法律，条約などの条項，箇条．Premier article または Article 1 とも書く．
2) être doué de = posséder naturellement 「生まれながらに持っている」．例：Ils sont doués de raison = Ils sont naturellement raisonnables. Ils sont doués de conscience = la nature leur a donné une conscience.
3) se prévaloir de = tirer avantage de, tirer parti de, faire valoir.
4) sans distinction aucune = sans aucune distinction. 形容詞 aucune が名詞の後に来ることによって，文章に流麗さと断固たる調子を与えている．この sans distinction aucune de race, de couleur, de sexe… は sans faire aucune différence entre les races, les couleurs, les sexes… と書きかえることができる．
5) a droit à la vie = a le droit de vivre.
6) Nul… = Personne…「何人（なんぴと）も」．
7) la traite des esclaves = le commerce et le transport des esclaves.
8) ne sera soumis à… : être soumis à = être obéissant à. ここでは être victime de *qc.*, être obligé de subir *qc.* の意．
9) changer de = abandonner, quitter une chose pour une autre de la même espèce. 前置詞 de を伴う点に注意．例：Il a changé de religion. は例えば Il a quitté la religion catholique et il est devenu musulman. の意．
10) tant en public qu'en privé = aussi bien en public qu'en privé.

☆ONU は Organisation des Nations unies の略語．国際連合．英語では UN (United Nations) という．

pratiques, le culte et l'accomplissement des rites.

Article 19

Tout individu a droit à la liberté d'opinion et d'expression, ce qui implique le droit de ne pas être inquiété pour ses opinions et celui de chercher, de recevoir et de répandre, sans considérations de frontières, les informations et les idées par quelque moyen d'expression que ce soit [11].

11) par quelque moyen d'expression que ce soit = par n'importe quel moyen d'expression, par tous les moyens d'expression. 接続詞 que のあとは必ず接続法.

« Tout individu a droit à la vie. » ©Atsushi SHIBUYA / MSF

Renard

ルナール『博物誌』

LE SERPENT

Trop long.

LES FOURMIS

Chacune d'elles ressemble au chiffre 3.
5 Et il y en a ! il y en a !
Il y en a 333333333333... jusqu'à l'infini.

LE CORBEAU

Quoi ? quoi ? quoi ?[1]
—Rien.

10 LES MOUTONS

Les moutons.—Mée... Mée... Mée...[1]
Le chien de berger.—Il n'y a pas de mais !

LE PAPILLON

Ce billet doux plié en deux cherche une adresse de fleur.

15 LE VER LUISANT

Que se passe-t-il ? Neuf heures du soir et il y a encore de la lumière chez lui.

●ジュール・ルナール Jules Renard（1864-1910）．19世紀末から20世紀初頭の小説家（『葡萄畑の葡萄作り』 *Le Vigneron dans sa vigne*, 1894；『にんじん』 *Poil de Carotte*, 1894）にして劇作家（『別れも楽し』*Plaisir de rompre*；1897，『にんじん』1900），および『日記』（*Journal*, 1925-27）の作者として有名．特に『にんじん』は1932年にジュリアン・デュヴィヴィエ監督によって映画化され，ビデオ（Victor, JSL 20043）（レンタル）でも簡単に見ることができる．

　どちらかといえばマイナーな作家ながら，自然主義の深刻さにあきたらずペシミスティックで，ほろ苦いユーモアをたたえたその作風は，岸田国士の名訳によって大正末から昭和初頭にかけて日本でも多くの愛読者をえた．

　この作品『博物誌』*Histoires naturelles* は1896年から書きつがれ，死の1年前の1909年に完成を見た．ここでは短くて簡単かつ面白いものを抜粋したが，もっと長いものもある．一見俳句に似ているようだがその影響はなく，現在の欧米における俳句ブームとは無縁な，ルナール独自の発明である．逆に芥川龍之介はこの作品を読んで「青蛙お前もペンキ塗りたてか」の俳句をものしたし，また三好達治の美しい4行詩「蟻が／蝶の羽根をひいて行く／ああ／ヨットのやうだ」（「土」，『南窗集』，1934年）には明らかにルナールの影響が見てとれる．

　　　　　• • • • • • • • • •

1) Quoi ? quoi ? quoi ? : ここでは言うまでもないことながら，オノマトペ (l'onomatopée) と意味との相乗効果を味わってほしい．

LE CHASSEUR D'IMAGES [2]

Il saute du lit de bon matin, et ne part que si [3] son esprit est net, son cœur pur, son corps léger comme un vêtement d'été. Il n'emporte point [4] de provisions. Il boira l'air frais en route et reniflera les odeurs salubres. Il laisse ses armes à la maison et se contente d'ouvrir [5] les yeux. Les yeux servent de filets où les images s'emprisonnent d'elles-mêmes.

(…)

Enfin, rentré chez lui, la tête pleine, il éteint sa lampe et longuement, avant de s'endormir, il se plaît à compter [6] ses images.

Dociles, elles renaissent au gré du [7] souvenir. Chacune d'elles en [8] éveille une autre, et sans cesse leur troupe phosphorescente s'accroît de nouvelles venues, comme des perdrix poursuivies et divisées tout le jour chantent le soir, à l'abri du [9] danger, et se rappellent au creux des sillons.

---

2) この文章は『博物誌』の冒頭に置かれているのだが、ここではあえて短くて面白いものを先に配した．「イマージュ」というところに，ルナールの絵画的で詩的な意図が読み取れる．
3) ne part que si : ne ... que si + 直説法：「…なときにしか…でない」，「…であれば必ず…する」．
4) Il n'emporte point : ne ... point = ne ... pas の文語的表現．
5) se contente d'ouvrir : se contenter de + *inf*.「…するだけにとどめる」．
6) il se plaît à compter : se plaire à + *inf*.［文語的］「…して楽しむ」．
7) au gré du souvenir : au gré de *qc*「…のままに」cf. *au gré du* vent「風に吹かれるままに」．
8) en : 中性代名詞 = une autre image を受ける．
9) à l'abri du danger : à l'abri de *qc* 1)「…から保護されて；…を免れて」 *à l'abri du* soleil「日差しを避けて」．ここでは *à l'abri du* danger「危険も去って」の意味．このほか，2)「…によって守られて」se mettre *à l'abri d'*un mur「壁のうしろに隠れる」の用法もある．

綴字と発音 (1)

é	[e]	déclaration, cinéma, début, marché, fiancé(e), Céline, Cézanne, Napoléon, Orphée
è, ê, ë	[ɛ]	lumière, Molière, crêpe, forêt, Noël
e	[ə][無]	Renard, menu, promenade, émeraude
	[e][ɛ]	étranger, chevalier, baguette, rechercher
ai, ei	[ɛ]	La Fontaine, café au lait, reine, la Seine
ou	[u]	souvenir, nouvelle vague, coup d'Etat, Proust, la Tour Eiffel, le musée du Louvre
au, eau	[ɔ][o]	Flaubert, Baudelaire, Maupassant, restaurant, Rousseau, Beaujolais nouveau, beauté, corbeau
eu, œu	[ø][œ]	bleu, heureux, bœuf(s), seul, bonheur
oi, oy	[wa]	droits de l'homme, mademoiselle, foie gras, la Loire, Beauvoir, Renoir, Bon voyage

モリエール『町人貴族』

ACTE II   SCÈNE IV

MAÎTRE DE PHILOSOPHIE.—La voix A se forme en ouvrant fort la bouche : A.

MONSIEUR JOURDAIN.—A, A. Oui.

MAÎTRE DE PHILOSOPHIE.—La voix E se forme en rapprochant la mâchoire d'en bas de celle d'en haut[1] : A, E.

MONSIEUR JOURDAIN.—A, E, A, E. Ma foi ! oui. Ah ! que cela est beau !

MAÎTRE DE PHILOSOPHIE.—Et la voix I en rapprochant encore davantage les mâchoires l'une de l'autre, et écartant les deux coins de la bouche vers les oreilles : A, E, I.

MONSIEUR JOURDAIN.—: A, E, I, I, I, I. Cela est vrai. Vive la science[2] !

MAÎTRE DE PHILOSOPHIE.—La voix O se forme en rouvrant les mâchoires, et rapprochant les lèvres par les deux coins, le haut et le bas : O.

MONSIEUR JOURDAIN.—O, O. Il n'y a rien de plus juste[3]. A, E, I, O, I, O. Cela est admirable[4] ! I, O, I, O.

MAÎTRE DE PHILOSOPHIE.—L'ouverture de la bouche fait justement comme un petit rond qui représente un O.

MONSIEUR JOURDAIN.—O, O, O. Vous avez raison. O. Ah ! la belle chose, que de savoir quelque chose ![5]

MAÎTRE DE PHILOSOPHIE.—La voix U se forme en rapprochant les dents sans les joindre entièrement, et allongeant[6] les deux lèvres en dehors, les approchant aussi l'une de l'autre sans les joindre tout à fait : U.

MONSIEUR JOURDAIN.—U, U. Il n'y a rien de plus véritable : U.

(…)

MAÎTRE DE PHILOSOPHIE.—Et l'R, en portant le bout de la langue

●モリエール Molière，本名 Jean-Baptiste Poquelin（1622-1673）はフランスを代表する演劇人．劇団の座長，喜劇作家，俳優．モリエールは芸名．フランスの国立劇場のひとつ，Comédie-Française の実質的創始者とみなされる．古典喜劇の完成者として，良識，理性，自然，バランス感覚などを示す一方，前時代のバロック演劇の諸要素をも巧みに使い，更に中世フランスの笑劇やイタリア喜劇のテクニックに裏打ちされた，豊かではつらつたる笑いをも提供した．また，同時代の風俗の綿密な観察に基づく性格描写と風刺精神が彼の作品を彩っている．喜劇役者として一流だが，悲劇役者としては成功せず．

　代表作に『女房学校』『タルチュフ』『ドン・ジュアン』『人間嫌い』『守銭奴』『町人貴族』『病は気から』などがある．

　引用したのは『町人貴族』 Le Bourgeois Gentilhomme（1670 初演）の 2 幕 4 景．大金持ちの町人 Jourdain 氏は貴族にあこがれ，音楽，ダンス，剣術，哲学の教師を雇って修行中．娘の恋人が貴族でないという理由で結婚を拒否する．恋人の下僕がアイデアを出し，主人をトルコの王子に仕立てて Jourdain 邸に乗り込み，珍妙な儀式を行って，町人を貴族に列し，喜んだ Jourdain 氏は娘をトルコの王子に扮した恋人と結婚させる．

　財政的理由から国王ルイ 14 世が取った，貴族と町人の融和策に乗って，肩書き欲しさに貴族と縁組みする町人を風刺，戯画化したコメディ・バレーで，モリエールの作品のなかで最も視覚的楽しさに満ちている．引用の場面は主人公の町人が哲学の先生からフランス語の発音を習っているところ．観客が腹を抱えて笑う場面のひとつ．

・・・・・・・・・・・

1) en rapprochant la mâchoire d'en bas de celle d'en haut : rapprocher A de B「A を B に近づける」．A は la mâchoire d'en bas, B は celle d'en haut. celle は la mâchoire を受けて使われている代名詞．
2) Vive la science : 接続詞の que に先立たれない接続法で，願望，命令などを表す古い語法．Vive は vivre の接続法現在．よく使われる言い方に Vive la France !「フランス万歳」がある．
3) Il n'y a rien de plus juste :「これ以上に正しいものはない」．rien は不定代名詞．不定代名詞には肯定形に quelqu'un, quelque chose, tout, ce など，否定形に rien, personne などがあり，これに形容詞がつくときには必ず，de ＋形容詞（男性・単数形）となる．Je te donne quelque chose de bon.「何かいいものをあげよう」．ce qu'il a d'original dans ce roman「この小説の独創的な点」．ce que j'ai vu de plus beau「私が見たもっとも美しいもの」．これは，疑問代名詞についても同じ．Quoi de neuf ? = Qu'y a-t-il de nouveau ?「何か変ったことは？」．
4) admirable : 現在のフランス語では，良い意味の「驚くべき，驚嘆すべき」にしか使われないが，17・18 世紀には良い意味にも悪い意味にも使われた．ここはもちろん良い意味で使われている．
5) la belle chose, que de savoir quelque chose ! : C'est une belle chose que de savoir quelque chose ! の省略．接続詞 que の後は de を取るのが普通．
6) allongeant : –ger で終る –er 動詞の現在分詞は g のあとに e をとることに注意．例：mangeant, 現在分詞以外にも je mangeais, nous mangions など．

jusqu'au haut du palais, de sorte qu'étant frôlée par l'air qui sort avec force, elle lui cède, et revient toujours au même endroit, faisant une manière de tremblement : R, RA.

Monsieur Jourdain.—R, R, RA ; R, R, R, R, R, RA. Cela est vrai ! Ah ! l'habile homme que vous êtes[7] ! et que j'ai perdu de temps ![8] : R, R, R, RA.

---

7) l'habile homme que vous êtes ! : que は属詞の関係代名詞．先行詞は［代］名詞，形容詞など．ここでは名詞句の l'habile homme が先行詞．感嘆を表わす．例：Lâche que j'étais !「私は何たる卑怯者だったか！」．

8) et que j'ai perdu de temps ! : que de + 無冠詞名詞．combien de + 無冠詞名詞と同じ．「どれほど多くの」．例：Que de fois je te l'ai dit !「そのことは何度も言ったじゃないか！」．

綴字と発音 (2)

im, **in**	[ɛ̃]	Rimbaud, simple, Rodin, jardin, prince,
ym, **yn**		symbolisme, nymphe, syndicat
aim, **ain**, **ein**	[ɛ̃]	faim, train, pain, Saint-Exupéry, peintre
em, **en**	[ɑ̃]	ensemble, printemps, décadent, détente, Cendrars, Vincent
ail(l)	[aj]	travail, corail, bataille, Versailles
eil(l)	[ɛj]	soleil, veille, Marseille, Corneille
ill	[ij]	famille, fille, coquille, papillon, Villon
ch	[ʃ]	chocolat, champion, chanson, chou, choix, Charles, Chopin, Chanel, aux Champs-Elysées
	[k]	écho, chaos, psychologie, synchronie
gn	[ɲ]	champignon, cognac, Avignon, Montaigne
ç	[s]	garçon, français, François(e)
h	[無]	Hugo, Catherine, hôtel, thé, catholique
r	[r]	Victor, Sartre, Martin, pardon, tarte, merci

Cendrars

サンドラール『シベリア横断鉄道』

En ce temps-là, j'étais en mon adolescence
J'avais à peine seize ans[1] et je ne me souvenais déjà plus de mon enfance
J'étais à 16.000 lieues du lieu de ma naissance[2]
J'étais à Moscou dans la ville des mille et trois cloches et des sept gares
5　Et je n'avais pas assez des sept gares et des mille et trois tours
Car mon adolescence était si ardente et si folle
Que mon cœur tour à tour brûlait comme le temple d'Ephèse[3] ou comme la Place Rouge[4] de Moscou
Quand le soleil se couche.
10　Et mes yeux éclairaient des voies anciennes.
Et j'étais déjà si mauvais poète
Que[5] je ne savais pas aller jusqu'au bout.
Le Kremlin[6] était comme un immense gâteau tartare
Croustillé d'or[7],
15　Avec les grandes amandes des cathédrales, toutes blanches
Et l'or mielleux des cloches…
Un vieux moine me lisait la légende de Novgorode[8]
J'avais soif
Et je déchiffrais des caractères cunéiformes[9]
20　Puis, tout à coup, les pigeons du Saint-Esprit[10] s'envolaient sur la place
Et mes mains s'envolaient aussi avec des bruissements d'albatros
Et ceci, c'était les dernières réminiscences[11]
Du dernier jour
Du tout dernier voyage
25　Et de la mer.

●ブレーズ・サンドラール Blaise Cendrars はスイス出身のフランス作家（1887-1961）である．大旅行家であるサンドラールはヨーロッパを周遊し，インド，中国，ロシア，南米を経巡った．パリではジプシー，無政府主義者たちと交際した．1914 年には外人部隊に志願した．1920 年までは彼の作品は詩的なものだった．彼の作品のタイトルを眺めただけで，その冒険的な性格がわかる．『ニューヨークの復活祭』（1912），『シベリア横断鉄道とフランスの小さなジャンヌの散文』 *La Prose du Transsibérien et de la petite Jehanne de France* （1913），『パナマ，あるいは僕の七人の叔父の冒険』（1918），『全世界について』（1919）．

サンドラールの散文もまた旅によって与えられる高揚を歌っている．反抗精神，狂気，夢も彼の散文の大きな要素である．それまでに類のない彼の小説作品は「ビートニク」の作家たちの先触れとなっている．彼の作品は今日，そのユーモア，ファンタジー，独立不羈の批評精神，文体の完成度の高さゆえに再評価されつつある．

・・・・・・・・・・

1) J'avais à peine seize ans = Je venais d'avoir seize ans. サンドラールは 1887 年 9 月 1 日生まれ．モスクワを訪れたのは 1904 年 9 月のことであった．
2) J'étais à 16.000 lieues du lieu de ma naissance : « un lieu »（土地，町，国）と « une lieue »（1 里，約 4 km）の語呂合わせ．この lieue という語はジュール・ヴェルヌの『海底二万里』 *Vingt mille lieues sous les mers* やペローの童話『七里の靴』 *Les bottes de sept lieues* といった幻想的な作品を連想させ，この詩にファンタスティックな調子を与えている．詩人がやってきたモスクワはスイスから16000 里（64000 km）も離れてはいない．これは地球の周囲を上回る数字である．この数字がいかに気まぐれなものかが分かる．
3) le temple d'Ephèse : エフェソスのアルテミシオン神殿．エフェソスはイズミルの南方 50km のところにあったトルコの古代都市．紀元前 550 年頃母神アルテミスのために建てられたこの神殿は，世界七不思議のひとつであった．紀元 10 世紀に 7 度に及ぶ火災のために消滅した．サンドラールの文はこの史実を受けている．
4) la Place Rouge : 「赤の広場」．モスクワで最も広大な広場（690 m×130 m）．
5) si mauvais poète que… : si…que は英語の so…that 構文と同じ．
6) Le Kremlin : クレムリンは 12 世紀以来モスクワ川左岸にそびえ立つ高さ 40 m の宮殿．赤レンガの城壁は全長 2235 m で，5 つの門と 19 の塔で仕切られている．モスクワ発祥の地であり，教会や庁舎，官邸などが建ち並び，モスクワ市の中でひとつの都市を形作っていると言ってよいほど．
7) gâteau tartare / Croustillé d'or : クレムリンの外観は実際 pâtisserie に似ている．tartare はロシア周辺のトルコやモンゴルなど中央アジアの民族と結びつく．Croustillé d'or は recouvert d'une croûte d'or の意．クレムリンの建物の多くは黄金のドームを戴いている．
8) Novgorode : ノブゴロドはサンクト・ペテルブルクから 170 km 南方の都市．紀元 859 年に建てられたロシア最古の都市．
9) des caractères cunéiformes : 「楔形文字」．古代アッシリア，メディア，ペルシャなどに見られる．
10) Saint-Esprit : クレムリン広場の礼拝堂の名前．
11) une réminiscence = un souvenir. 例えばプルースト作『失われた時を求めて』のマドレーヌの挿話に見られる無意志的記憶 la réminiscence involontaire.

Camus

カミュ『異邦人』

　Aujourd'hui, maman est morte. Ou peut-être hier, je ne sais pas. J'ai reçu un télégramme de l'asile : « Mère décédée.[1] Enterrement demain. Sentiments distingués.[2] » Cela ne veut rien dire. C'était peut-être hier.

　L'asile de vieillards est à Marengo, à quatre-vingt kilomètres d'Alger. Je prendrai l'autobus à deux heures et j'arriverai dans l'après-midi. Ainsi, je pourrai veiller[3] et je rentrerai demain soir. J'ai demandé deux jours de congé à mon patron et il ne pouvait pas me les[4] refuser avec une excuse[5] pareille. Mais il n'avait pas l'air content[6]. Je lui ai même dit : « Ce n'est pas de ma faute.[7] » Il n'a pas répondu. J'ai pensé alors que je n'aurais pas dû[8] lui dire cela. En somme, je n'avais pas à[9] m'excuser. C'était plutôt à lui de[10] me présenter ses condoléances[11]. Mais il le fera[12] sans doute après-demain, quand il me verra en deuil[13]. Pour le moment, c'est un peu comme si[14] maman n'était pas morte. Après l'enterrement, au contraire, ce sera une affaire classée et tout aura revêtu[15] une allure plus officielle.

　J'ai pris l'autobus à deux heures. Il faisait très chaud. J'ai mangé au restaurant, chez Céleste, comme d'habitude. Ils avaient tous beaucoup de peine pour moi et Céleste m'a dit : « On n'a qu'une mère. » Quand je suis parti, ils m'ont accompagné à la porte. J'étais un peu étourdi parce qu'il a fallu que je monte chez Emmanuel pour lui emprunter[16] une cravate noire et un brassard. Il a perdu son oncle, il y a quelques mois.

●サン=テグジュペリの『星の王子さま』と並んでもっとも読まれる小説『異邦人』*L'Etranger*（1942）の冒頭，「今日ママンが死んだ，いや昨日だったか」．

　アルベール・カミュ Albert Camus（1913-1960）は植民地アルジェリアの貧しいフランス人家庭に生まれ，地中海の海と太陽のもとで育った．第二次大戦中は対独抵抗運動に参加，1942 年に『異邦人』を発表，ほぼ同時に『シジフォスの神話』で「不条理」の哲学を展開，サルトルと並ぶ実存主義文学の寵児となった．他には小説に『ペスト』『転落』，戯曲に『カリギュラ』，評論に『裏と表』『反抗的人間』など．1957 年にノーベル文学賞を受けるが，小説『最初の人間』を完成しないまま自動車事故で不慮の死をとげた．47 歳だった．

　『異邦人』の主人公ムルソーは，母の死にも無感動で，埋葬の翌日恋人と海水浴に行く．彼は人生のいっさいに関心を示さず，ふとしたことから理由もなくアラブ人を殺し裁判にかけられる．殺人の動機を尋ねられ，「太陽のせいだ」と答えて死刑判決を受ける．無益な受難としての人生の不条理を，いっさいの感傷を排し独特の乾いた短い文体で書いて衝撃を与えた．直説法複合過去をベースにした語りは，単純過去中心の伝統的 19 世紀小説の読者には新鮮だった．

● ● ● ● ● ● ● ● ●

1) Mère décédée : décéder は mourir より丁寧．名詞は décès.
2) Sentiments distingués : 手紙を結ぶ「敬具」にあたる表現．
3) veiller : 普通は「寝ないで起きている」の意だが，ここでは「お通夜をする」．*cf.* veillée「夜の集い，お通夜」，se réveiller「目覚める」．
4) les = deux jours de congé.
5) une excuse :「お詫び」の意と「言い訳，口実」の意がある．ここでは後者．
6) il n'avait pas l'air content : avoir l'air + *adj.*「〜の様子をしている，のように見える」．
7) Ce n'est pas de ma faute. :「私のせいではない」．会話では Ce n'est pas ma faute. とも．
8) je n'aurais pas dû : 条件法過去，「〜すべきではなかった」．
9) je n'avais pas à : avoir à + *inf.*「〜すべき」．ne pas avoir à + *inf.*「〜する必要はない，するには及ばない」．
10) C'était plutôt à lui de : C'est à *qn.* de + *inf.*「〜すべきは誰のほうだ」．
11) présenter ses condoléances :「お悔やみを言う」．
12) il le fera : le faire は英語の to do so にあたる．ここでは「お悔やみを言う」．le は中性代名詞．
13) en deuil :「喪に服している，喪服を着ている」．
14) c'est un peu comme si : comme si + 直説法半過去（大過去）は，「あたかも〜である（であった）かのように」．英語の as if にあたる．
15) tout aura revêtu : 直説法前未来，「埋葬が終われば」というニュアンス．
16) pour lui emprunter : emprunter *qc.* à *qn.*「人にものを借りる」．

La Fontaine

ラ・フォンテーヌ
『からすときつね』（『寓話』より）

　　Maître[1] Corbeau, sur un arbre perché[2],
　　Tenait en son bec un fromage[3].
　　Maître Renard, par l'odeur alléché,
　　Lui tint à peu près ce langage:
5　« Hé! bonjour, Monsieur du Corbeau[4].
　　Que vous êtes joli! que vous me semblez beau!
　　Sans mentir, si votre ramage[5]
　　Se rapporte à[6] votre plumage,
　　Vous êtes le phénix[7] des hôtes de ce bois. »
10　A ces mots le Corbeau ne se sent pas de joie[8];
　　Et pour montrer sa belle voix,
　　Il ouvre un large bec, laisse tomber sa proie.
　　Le Renard s'en saisit, et dit : « Mon bon Monsieur,
　　Apprenez que tout flatteur
15　Vit aux dépens de[9] celui qui l'écoute.
　　Cette leçon vaut bien un fromage, sans doute[10]. »
　　Le Corbeau, honteux et confus,
　　Jura, mais un peu tard, qu'on ne l'y prendrait plus.

●ラ・フォンテーヌ Jean de La Fontaine（1621-1695）は17世紀フランスの詩人．コントや散文の物語，喜劇，紀行文など，多様なジャンルの作品があるが，代表作『寓話』*Fables* によって，世界中に名が知られている．『寓話』は，まず1668年にルイ14世の王太子に献じる形で発表され大成功を収める．その後，1693年まで増補されて現在の形になったこの作品は，時代を超えて生き続け，今でも，フランス人なら小学生のうちから，この中の有名作品を学校で暗唱して覚えるほどである．

ルイ14世ににらまれて失脚，逮捕された財務卿フーケの寵臣．演劇界の巨匠モリエールとは仲の良い友人．

『寓話』はギリシャ時代からアイソポス（イソップ）などによって知られているが，ラ・フォンテーヌの作品はアイソポスをはじめ，インドの古い伝承など，先人たちの業績を受け継ぎながら，それを更に生き生きとユーモアに満ちた表現で作り替えた．動物たちの生態を見事に描く一方，その動物たちの言動が人間界そのものを映し出しているところに，なんとも言えない魅力が醸し出されている．

収録した「からすときつね」は，日本ではイソップ物語で既によく知られているが，中身は，軽妙な対話と思わず笑ってしまう落ちによって，更に一層面白さを増している．

. . . .

1) Maître：親しみを込めた敬称．「からす先生」．ここではもちろん愚かなからすに対する皮肉．一方，きつねはずる賢さという点では「先生」．
2) sur un arbre perché：散文であれば語順は perché sur un arbre となるところ．韻文の詩であるために語順が倒置されている．一行おいた par l'odeur alléché も同じ．
3) un fromage：からすがくわえているのはイソップ物語では肉片だったのが，ここではチーズになっている．15世紀の傑作笑劇『ピエール・パトラン先生』の中にもこの話が出てくるが，からすのくわえているものがすでにチーズになっているところを見ると，フランス人のチーズ好きも大昔からだと分かる．
4) Monsieur du Corbeau：Monsieur le Corbeau と言わず，Monsieur du Corbeau と du を用いているのは，貴族の称号の真似．「からす閣下」．
5) ramage は小鳥の歌，さえずり，もちろん皮肉．
6) Se rapporte à = s'accorde avec.
7) phénix は鳥のいわば王者であるから，ここでは「第一人者」「最も優れた鳥」の意味．
8) ne se sent pas de joie = être transporté de joie. なお，ここから3行は動詞が現在形になっている．過去の文章の中に使われるこのような形を，物語り的現在（présent historique）と言い，その場での臨場感を表現する時によく使われる．
9) aux dépens de：「... を犠牲にして，を食い物にして」．
10) sans doute：今のフランス語なら sans aucun doute と言うところ．

Danton ダントン 立法議会での１７９２年９月２日の演説

　Il est bien satisfaisant, messieurs, pour les ministres [1] du peuple libre d'avoir à lui annoncer [2] que la patrie va être sauvée. Tout s'émeut, tout s'ébranle, tout brûle de combattre.

　Vous savez que Verdun [3] n'est point encore au pouvoir de vos ennemis. Vous savez que la garnison a promis d'immoler le premier qui proposerait [4] de se rendre.

　Une partie du peuple va se porter aux frontières; une autre va creuser des retranchements, et la troisième, avec des piques, défendra l'intérieur de nos villes.

　Paris va seconder ces grands efforts. Les commissaires de la Commune [5] vont proclamer, d'une manière solennelle [6], l'invitation aux citoyens de s'armer et de marcher pour la défense de la patrie.

　C'est en ce moment, messieurs, que [7] vous pouvez déclarer que la capitale a bien mérité de [8] la France entière; c'est en ce moment que l'Assemblée nationale [9] va devenir un véritable Comité de guerre [10].

　Nous demandons que vous concouriez [11], avec nous, à diriger ce mouvement sublime du peuple, en nommant des commissaires [12] qui nous seconderont dans ces grandes mesures. Nous demandons que quiconque refusera de servir de sa personne [13], ou de remettre ses armes, soit puni de mort.

　Nous demandons qu'il soit fait une instruction [14] aux citoyens pour diriger leurs mouvements. Nous demandons qu'il soit envoyé des courriers [15] dans tous les départements pour les avertir des décrets que vous aurez rendus [16]. Le tocsin [17] qu'on va sonner n'est point un signal d'alarme, c'est la charge [18] sur les ennemis de la patrie. Pour les vaincre, messieurs, il nous faut de l'audace, encore de l'audace, toujours de l'audace et la France est sauvée.

● ダントン Georges Jacques Danton (1759-1794) は，フランス革命の代表的な指導者．雄弁で知られ，1792 年オーストリア，イギリス軍がフランスを侵しそうな形勢が急迫してくると，フランス国民に奮起を促す名演説をおこなう．フランス軍は侵入してきた諸国軍を撃退することに成功する．しかし，国内では革命をどのように進めるべきかの考え方の違いから，各派が相争う．穏健で，地方分権的なジロンド派と急進的でパリの小市民階級に基盤を置くジャコバン派の対立では，ダントンはジャコバン派の指導者ロベスピエール等にくみして，ジロンド派の追放，弾圧を進めるが，やがてロベスピエールと対立し，自身逮捕され，革命裁判所での裁判を経てギロチンに送られることになる．

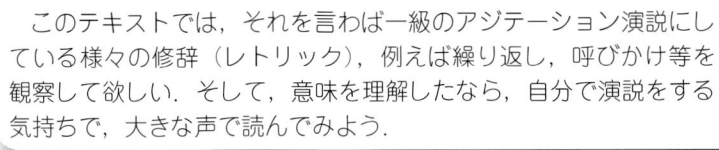

　このテキストでは，それを言わば一級のアジテーション演説にしている様々な修辞（レトリック），例えば繰り返し，呼びかけ等を観察して欲しい．そして，意味を理解したなら，自分で演説をする気持ちで，大きな声で読んでみよう．

・・・・・・・・・・

1) ministres : 当時，ダントンは司法大臣を務めていた．
2) avoir à lui annoncer : avoir à+*inf.*「～しなければならない」．
3) Verdun : この演説の 3 日前，8 月 30 日にはオーストリアとフランスの戦いの戦略的要地であるヴェルダンの町は，オーストリア軍に包囲されていた．
4) proposerait :「降伏しようと言い出す人間がいたとしても，その最初の人間を」という仮定を示して条件法が用いられている．
5) Commune : 当時，パリの市政を司っていたのが，住民自治委員会であるコミューンであり，commissaires はその委員．
6) solennelle : 発音は [sɔlanɛl]．
7) C'est en ce moment (...) que : C'est ... que の強調構文．次ぎのふたつも同様．
8) a bien mérité de : mériter de「～に貢献する」．
9) l'Assemblée nationale : フランス革命時に誕生した「国民議会」，ただしこの時点では最初の国民議会に代わって「立法議会」が誕生している．
10) Comité de guerre : 戦争指導のための臨時の「軍事委員会」．
11) vous concouriez : demander que の後は接続法，続く三つも同様．
12) commissaires : 議員の間から選ばれる戦争指導のための委員．
13) servir de sa personne :「自分の身をもって奉仕する」．
14) il soit fait une instruction : il は仮の主語で非人称構文．本当の主語は une instruction.
15) il soit envoyé des courriers : やはり il は仮の主語で非人称構文．本当の主語は des courriers.
16) vous aurez rendus : 直説法前未来，「あなた方が将来において決定した政令」．
17) tocsin :「早鐘」．
18) charge :「一斉攻撃」．

Baudelaire

ボードレール 『異邦人』,『港』

L'ÉTRANGER [1]

« Qui aimes-tu le mieux, homme énigmatique, dis ? ton père, ta mère, ta sœur ou ton frère ?
— Je n'ai ni père, ni mère, ni sœur, ni frère [2].
5 — Tes amis ?
— Vous vous servez là d'une [3] parole dont le sens m'est resté jusqu'à ce jour inconnu.
— Ta patrie ?
— J'ignore sous quelle latitude elle est située.
10 — La beauté [4] ?
— Je l'aimerais volontiers, déesse et immortelle [5].
— L'or [6] ?
— Je le hais [7] comme vous haïssez Dieu.
— Eh ! qu'aimes-tu donc, extraordinaire étranger ?
15 — J'aime les nuages… les nuages qui passent… là-bas… là-bas… les merveilleux nuages [8] ! »

●シャルル・ボードレール Charles Baudelaire（1821-1867）は19世紀フランスの最大の詩人のひとりであり，今日なお世界的な詩人として知られるようになったのは，皮肉にも20世紀初頭のことであった．生前は20代の目に余る浪費によって準禁治産者となり，1857年初版の代表的詩集『悪の華』*Les Fleurs du Mal* は公序良俗に反するとして裁判で敗訴，罰金刑のほかレスビエンヌなどを歌った6詩篇の削除を命ぜられ，悪と頽廃の詩人，スキャンダラスな詩人としてしか世に認められなかった．僅かに彼の偉大さを認識しえたのは，彼の数少ない友人達と，とりわけ天才は良く天才を知るというべきか，20歳になるかならずのマラルメ，ヴェルレーヌ，ランボーといった詩人達だけであった．彼がいわゆる象徴主義の始祖といわれるのもそうした理由からである．また第1級の詩人であるとともに，美術・音楽・文学の批評家としても偉大な存在である．

　ここでは彼が愛した，絵画的で幻想的なアロイジュス・ベルトラン Aloysius Bertrand の散文詩集『夜のガスパール』*Gaspard de la nuit*（1842）を受けて，より意識的・理論的な「散文詩」の創始者としての後半生（1855年以降）のボードレールの作品を取り上げてある．なお彼の散文詩（＝散文による詩の試み）は生前雑誌に発表されたのみで単行本として刊行されずに終ったため，死後出版された全集第4巻（1869）以来，『パリの憂鬱』*Spleen de Paris*，あるいは『小散文詩』*Petits Poèmes en prose*（17世紀の大散文詩というジャンルと区別するために彼が命名したもの）と呼ばれている．

* * * * * * * * * *

L'ÉTRANGER

1) 初出は『ラ・プレス』紙 *La Presse* 1862年8月26日号．死後出版された全集第4巻以来，この散文詩集の巻頭に置かれている．
2) Je n'ai ni père, ni mère, ni sœur, ni frère : ne ... ni A ni B : A（で）もB（で）もない．
3) Vous vous servez là d'une... : se servir de *qc.* :「...を（ある目的のために物を道具・手段・材料として）使う，用いる」．Je peux me servir de [utiliser] ce crayon ?「この鉛筆を使ってもいいですか？」*cf.* employer, utiliser とも交換可能だが，employer, utiliser は時間・金なども目的語にすることができる：employer [utiliser] son temps [son argent] のに対し，交通機関・場所・部屋には utiliser しか使えない：utiliser l'autobus [cette salle]（*cf.* se servir de l'autobus ; employer une salle は不可）．
4) La beauté : la beauté には「美」と「美女」の二つの意味がある．これに対し le beau は抽象的な「美」を指す．
5) déesse et immortelle : dieu と immortel の女性形で，l'（＝ la beauté）と同格．si elle était déesse et immortelle の省略形と考えてよい．人間である「美女」（la beauté）とすぐ後に出てくる「神」（Dieu）とが対比されている．
6) L'or ? : 初出の *La Presse* 紙では L'argent ? となっていた．
7) Je le hais : 動詞 haïr の直説法現在だが，活用（綴りと発音）には注意が必要．
8) les merveilleux nuages : Françoise Sagan の小説『すばらしい雲』*Les Merveilleux Nuages*（1961）のタイトルはこの散文詩から採られ，冒頭にこの詩が全文引用されている．

☆一方が tutoyer で問いかけているのに対し，l'étranger は常に voussoyer (vouvoyer) で答えているのは何故かを考えてみよう．

LE PORT [1)]

Un port est un séjour charmant pour une âme fatiguée des luttes de la vie. L'ampleur du ciel, l'architecture mobile des nuages, les colorations changeantes de la mer, le scintillement des phares, sont un prisme merveilleusement propre à [2)] amuser les yeux sans jamais les lasser. Les formes élancées des navires, au gréement [3)] compliqué, auxquels la houle imprime des oscillations harmonieuses, servent à [4)] entretenir dans l'âme le goût du rythme et de la beauté. Et puis, surtout, il y a une sorte de [5)] plaisir mystérieux et aristocratique pour celui qui n'a plus ni curiosité ni ambition, à [6)] contempler, couché dans le belvédère [7)] ou accoudé sur le môle [8)], tous ces mouvements de ceux qui partent et de ceux qui reviennent, de ceux qui ont encore la force de vouloir, le désir de voyager ou de s'enrichir.

LE PORT

1) 初出は『新パリ評論』誌 *Nouvelle Revue de Paris* 1864 年 12 月 25 日号. 1859 年, 寡婦となった母オーピック夫人が住んでいた港町オンフルール Honfleur にボードレールは 2 度滞在し, この詩はその時を回想して書いたといわれている.
2) propre à : propre à + *inf.*「...するのに適した」.
3) le gréement : [集合的]「(船の) 索具(艤装)」.
4) servent à : servir à + *inf.*「...するのに役立つ」.
5) une sorte de + 名詞:「一種の...」.
6) un plaisir à + *inf.*「...する快楽」.
7) le belvédère :「(屋上・丘の上・名所などの) 展望台, 望楼, 見晴らし台」.
8) le môle :「防波堤, 埠頭」.

オンフルールの港

モーパッサン 『ジュール叔父』

  On l'avait[1] embarqué pour l'Amérique, comme on faisait alors[2], sur un navire marchand allant[3] du Havre[4] à New York.
  Une fois là-bas[5], mon oncle Jules s'établit marchand de je ne sais quoi[6], et il écrivit bientôt qu'il gagnait un peu d'argent et qu'il espérait pouvoir dédommager mon père du tort[7] qu'il lui avait fait. Cette lettre causa dans la famille une émotion profonde. Jules, qui ne valait pas, comme on dit, les quatre fers d'un chien[8], devint tout à coup un honnête homme, un garçon de cœur[9], un vrai Davranche, intègre comme tous les Davranche[10].
  Un capitaine nous apprit en outre qu'il avait loué une grande boutique et qu'il faisait un commerce important.
  Une seconde lettre, deux ans plus tard, disait : « Mon cher Philippe, je t'écris pour que[11] tu ne t'inquiètes pas de ma santé, qui est bonne. Les affaires aussi vont bien. Je pars demain pour un long voyage dans l'Amérique du Sud. Je serai peut-être plusieurs années sans te donner de mes nouvelles[12]. Si je ne t'écris pas, ne sois pas inquiet. Je reviendrai au Havre une fois fortune faite. J'espère que ce ne sera pas trop long, et nous vivrons heureux ensemble…»
  Cette lettre était devenue l'évangile de la famille. On la lisait à tout propos, on la montrait à tout le monde.
  Pendant dix ans, en effet, l'oncle Jules ne donna plus de nouvelles ; mais l'espoir de mon père grandissait à mesure que[13] le temps marchait ; et ma mère aussi disait souvent :
  —Quand ce bon Jules sera là[14], notre situation changera. En voilà[15] un qui a su se tirer d'affaire ![16]

● モーパッサン Guy de Maupassant（1850-1893）は，日本では長編小説『女の一生』で有名な作家であるが，彼の，筆の冴えと独自性は，むしろ短編小説の中でいかんなく発揮されていると言っていい．十年余の作家生活の間に，300 編以上もの短編を書いた彼は，第三共和政下のフランス庶民の様々な生活の断片を，皮肉な観察眼と深い憐憫の情をもって描き出している．引用したテキストは，短編『ジュール叔父』*Mon Oncle Jules*（1883）からの一節．一家の財産を食いつぶしかけた厄介者のジュール（語り手の青年の叔父）は，家族の者からアメリカへ送り出される．異国の地で商売を始め，順調にやっているから安心してくれと便りをよこす叔父．一財産を築いて帰ってくるはずのこの叔父が，今では一家の希望となっているのだが……．

* * * * * * * * * *

1) l'avait：この人称代名詞は，語り手の叔父に当る Jules をさしている．
2) alors：「その当時」，全体で「その当時みんながそうしていたように」．
3) allant：aller の現在分詞で形容詞節の代り，全体で「ルアーヴルからニューヨークへ行く商船」．
4) du Havre：ルアーヴルはノルマンディー地方の港町，前置詞の de と固有名詞の一部になっている Le が縮約されて du になっている．
5) Une fois là-bas：「あちらに着くとすぐに」．17 行目の une fois fortune faite も同じ用法，「一財産できしだい」．
6) je ne sais quoi：「何だかよく分からない...」marchand にかかる形容詞の働き．
7) dédommager mon père du tort：dédommager *qn*. de *qc*.「誰だれに...の償いをする」．
8) qui ne valait pas... les quatre fers d'un chien：〔古〕「一文の値打もない」．
9) garçon de cœur：「思いやりのある男」．
10) les Davranche：姓の前に les がつくと「...家の人々」，Davranche は話者の父や叔父の姓．
11) pour que：「...するために」「...するように」，que 以下は接続法となる．
12) de mes nouvelles：de は部分を表わす小辞，「私の（何通かの）便り」．*cf.* boire *de* ce vin.「このワインを少し飲む」．*cf.* Donnez-moi *de* vos nouvelles.「お便り下さい」．
13) à mesure que：「...するにつれて」．
14) là：être là で「そこにいる」「帰って来ている」．
15) En voilà....：「これぞ...である」，un は代名詞で「人」の意味．
16) se tirer d'affaire：「苦境を脱する」「逆境を乗り越える」，全体で「あの人こそ逆境を乗り越えることができた人なんだ！」．

l'abbé Prévost

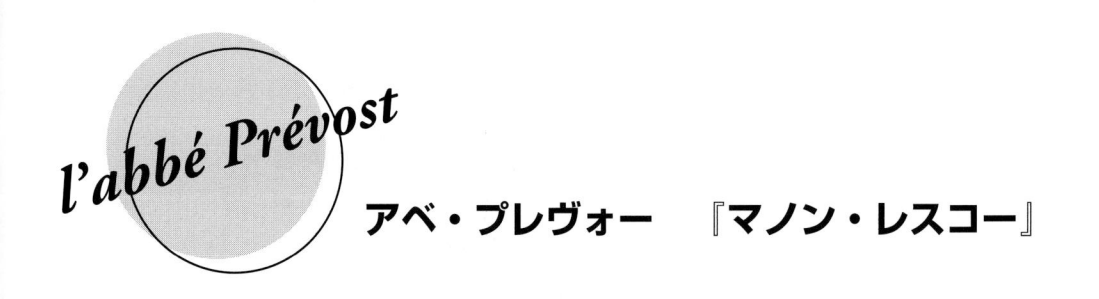

アベ・プレヴォー　『マノン・レスコー』

    Nous nous assîmes l'un près de l'autre. Je pris ses mains dans les miennes. Ah ! Manon, lui dis-je en la regardant d'un œil triste, je ne m'étais pas attendu à la noire trahison dont vous avez payé mon amour [1]. Il vous était bien facile de tromper un cœur dont vous étiez la souveraine absolue, et qui mettait toute sa félicité à vous plaire et à vous obéir. Dites-moi maintenant si vous en avez trouvé d'aussi tendres et d'aussi soumis [2]. Non, non, la Nature n'en fait guère de la même trempe que le mien. Dites-moi, du moins, si vous l'avez quelquefois regretté. Quel fond dois-je faire sur ce retour de bonté [3] qui vous ramène aujourd'hui pour le consoler ? Je ne vois que trop [4] que vous êtes plus charmante que jamais ; mais au nom de toutes les peines que j'ai souffertes pour vous, belle Manon, dites-moi si vous serez plus fidèle.

    Elle me répondit des choses si touchantes sur son repentir, et elle s'engagea à la fidélité par tant de protestations [5] et de serments, qu'elle m'attendrit à un degré inexprimable. Chère Manon ! lui dis-je, avec un mélange profane [6] d'expressions amoureuses et théologiques, tu es trop adorable [7] pour une créature. Je me sens le cœur emporté par une délectation victorieuse. Tout ce qu'on dit de la liberté à Saint-Sulpice est une chimère. Je vais perdre ma fortune et ma réputation pour toi, je le prévois bien ; je lis ma destinée dans tes beaux yeux ; mais de quelles pertes ne serais-je pas consolé [8] par ton amour ! Les faveurs de la fortune ne me touchent point ; la gloire me paraît une fumée [9] ; tous mes projets de vie ecclésiastique étaient de folles imaginations [10] ; enfin tous les biens différents de ceux que j'espère avec toi sont des biens méprisables, puisqu'ils ne sauraient tenir [11] un moment, dans mon cœur, contre un seul de tes regards.

●アベ・プレヴォー l'abbé Prévost（1697-1763）の小説『マノン・レスコー』は，『隠棲したある貴族の回想と冒険』と題された作者の半自伝的な長編小説の最終第七巻として1731年にアムステルダムで出版された．正式の題は『騎士デ・グリューとマノン・レスコーの物語』 *Histoire du Chevalier des Grieux et de Manon Lescaut* という．出版直後からひとつの独立した作品として読まれるようになり，心理分析小説の傑作中の傑作としてフランス文学史にその名を刻印した．主人公マノンは＜災いをもたらす女＞ femme fatale の代名詞となり，語り手であるもう一人の主人公デ・グリューの名は彼女に隠れてすっかり影が薄くなった．プッチーニやマスネーのオペラ，あるいは映画として何度も翻案されている．時代は1712年から16年にかけて．地方の裕福な貴族の次男で品行方正・学業優秀・誠実一途で将来を嘱望されていた青年が，美貌の少女の不可思議な魅力に引きずられていかさま賭博師・殺人者に成り果て，新大陸の砂漠にまで流離（さすら）ってゆく．引用の場面は，パリの裕福な徴税請負人ド・B…の元に走ってデ・グリューを裏切ったマノンが，その一年後，今や高名な聖職者となった以前の愛人をサン・シュルピスの神学校に訪ねてきたところ．語り手の「私」はデ・グリュー．ここではデ・グリューの言葉が終始直接話法で語られているのに対し，マノンの返事はごく短く間接話法で説明されているに過ぎず，彼女の肉声が響いてこない点に注意したい．

・・・・・・・・・・

1) dont vous avez payé mon amour : payer A de B は「A に B でもって報いる」の意．
2) si vous en avez trouvé d'aussi tendres et d'aussi soumis : si vous avez trouvé des cœurs aussi tendres et aussi soumis que mon cœur.
3) Quel fond dois-je faire sur ce retour de bonté : faire fond sur *qn.*, sur *qc.* = y compter fermement, s'en faire un appui, un auxiliaire「頼みにする」「当てにする」．
4) ne… que trop :「十二分に」．
5) protestation = déclaration publique que l'on fait de sa volonté // promesse, assurance positive「言明」「誓い」．
6) profane = qui est contre le respect qu'on doit aux choses sacrées「反宗教的な」「不敬な」．
7) adorable = digne d'être aimé. adorer は元々は宗教的な意味で用いられ，rendre à la Divinité le culte qui lui est dû の意．
8) consolé : consoler *qn.* de… は「…のことで人を慰める」の意．
9) fumée = ce qui n'a, comme la fumée, ni consistance, ni valeur「煙のようにはかなく価値のないもの」．
10) imagination = chose imaginée // pensée, idée.
11) tenir = persister, se maintenir dans le même état // résister.

Hugo

ユゴー　『静観詩集』より

15 FEVRIER 1843

Aime celui[1] qui t'aime, et sois heureuse en lui.
—Adieu ! —sois son trésor, ô toi qui fus le nôtre[2] !
Va, mon enfant béni, d'une famille à l'autre[3].
Emporte le bonheur et laisse-moi l'ennui !

Ici, l'on te retient; là-bas, on te désire.
Fille, épouse, ange, enfant, fais ton double devoir.
Donne-nous un regret, donne-leur un espoir,
Sors avec une larme ! entre avec un sourire !

[DEMAIN, DES L'AUBE]

Demain, dès l'aube, à l'heure où blanchit la campagne,
Je partirai. Vois-tu[1], je sais que tu m'attends.
J'irai par la forêt, j'irai par la montagne.
Je ne puis[2] demeurer loin de toi plus longtemps.

Je marcherai les yeux fixés sur mes pensées,
Sans rien voir au dehors, sans entendre aucun bruit,
Seul, inconnu, le dos courbé, les mains croisées,
Triste[3], et le jour pour moi sera comme la nuit.

Je ne regarderai ni l'or du soir qui tombe,
Ni les voiles au loin descendant vers Harfleur[4],
Et, quand j'arriverai, je mettrai sur ta tombe
Un bouquet de houx vert et de bruyère en fleur[5].

●ヴィクトル・ユゴーVictor Hugo（1802-1885）は19世紀フランス文学を代表する国民的大作家であり，ロマン派の統率者として詩，演劇，小説の分野で幅広く活躍した．ここに取り上げた2篇の詩はいずれもユゴーの代表的詩集『静観詩集』*Les Contemplations*（1856）に収められているもので，詩人の家族に対する愛情が歌われている．家庭におけるユゴーは5人の子供に恵まれたが，末娘のアデールを除くと，いずれもユゴーより先にこの世を去っている．そのアデールも失恋の痛手から心の病に陥り，1915年に85才で没するまで33年間を精神病院で過ごした．フランソワ・トリュフォー監督の映画『アデール・Hの物語』はアデールのこの実らぬ恋を描いている．

長女レオポルディーヌはとりわけユゴーに可愛がられた．彼女は1843年に18才で弟の知人シャルル・ヴァクリーと結婚したが，同年9月，セーヌ川河口に近いヴィルキエ付近で夫婦そろって船遊びをしているとき，ヨットが転覆してしまう．夫のシャルルは泳ぎが達者であったが，妻を助けようとしてふたりとも溺死する．最初の詩「1843年2月15日」は，ふたりが教会で結婚式を挙げた日付をそのまま題名にしたもので，娘を嫁がせる父親の心境がしみじみと語られている．ふたつめの無題の詩では，最愛の娘の墓参りをする詩人の孤独な姿が描かれている．

・・・・・・・・・・

1) celui : 指示代名詞．関係節を伴って「〜する人」の意．ここでは娘の結婚相手である新郎を指す．
2) le nôtre : nôtre は所有代名詞で，定冠詞を伴って「わたしたちのもの」の意．ここでは notre trésor のこと．
3) d'une famille à l'autre : autre は不定代名詞．直前の famille を受けて，autre famille のこと．

***

1) Vois-tu : 娘への呼びかけ．voir に特に意味はないが，詩人の les yeux fixés sur mes pensées, Sans rien voir au dehors と呼応して，父娘の内面的な視線の交わり，心の通い合いを喚起させる．もちろん，一篇の独立した詩として，詩人の伝記的な事実とは切り離して読むことも可能．
2) Je ne puis : puis は pouvoir の一人称単数形 peux の文語体．また，pouvoir の否定形は pas が省略されて，ne が単独で否定の意味を表すことがある．
3) les yeux fixés sur mes pensées から Triste まではすべて状況補語で，副詞的な意味を持つ．les mains dans les poches「ポケットに手を突っ込んで」．
4) Harfleur : ノルマンディー地方，ル・アーヴル近くのセーヌ川に面した小さな町．
5) Un bouquet de houx vert et de bruyère en fleur : houx はクリスマスの装飾に用いられる低木で，白い花と赤い実をつける．bruyère はエリカの一種で，ピンクや薄紫色の花をつける．

Perec

ペレック 『眠る男』

　Ceci est ta vie. Ceci est à toi. Tu peux faire l'exact inventaire de ta maigre fortune, le bilan précis de ton premier quart de siècle. Tu as vingt-cinq ans et vingt-neuf dents, trois chemises et huit chaussettes, quelques livres que tu ne lis plus, quelques disques que tu n'écoutes plus. Tu n'as pas envie de te souvenir d'autre chose, ni de ta famille, ni de tes études, ni de tes amours, ni de tes amis, ni de tes vacances, ni de tes projets. Tu as voyagé et tu n'as rien rapporté de tes voyages. Tu es assis et tu ne veux qu'attendre [1], attendre seulement jusqu'à ce qu'il n'y ait plus rien [2] à attendre : que vienne la nuit, que sonnent les heures, que les jours s'en aillent [3], que les souvenirs s'estompent. Tu ne revois pas tes amis. Tu n'ouvres pas ta porte. Tu ne descends pas chercher ton courrier. Tu ne rends pas les livres que tu as empruntés à la Bibliothèque de l'Institut pédagogique. Tu n'écris pas à tes parents.

　Tu ne sors qu'à la nuit tombée [1], comme les rats, les chats et les monstres. (…)

　Tu es un oisif, un somnambule, une huître. Les définitions varient selon les heures, selon les jours, mais le sens reste à peu près clair : tu te sens peu fait pour vivre, pour agir, pour façonner ; tu ne peux que durer, tu ne veux que l'attente et l'oubli.

　La vie moderne apprécie généralement peu de telles dispositions [4] : autour de toi tu as vu, de tous temps [5], privilégier l'action, les grands projets, l'enthousiasme : homme tendu en avant [6], homme les yeux fixés sur l'horizon, homme regardant droit devant lui. Regard limpide, menton volontaire, démarche assurée, ventre rentré. La ténacité, l'initiative, le coup d'éclat, le triomphe tracent le chemin trop limpide d'une vie trop modèle [7], dessinent les sacro-saintes images [8] de la lutte pour la vie. Les pieux mensonges qui bercent les rêves de tous ceux qui piétinent et s'embourbent [9], les illusions perdues des milliers de laissés-pour-compte [10],

●ジョルジュ・ペレック Georges Perec（1936-1982）は，絶えず変化する作家である．彼の作品は社会学的研究であると同時に（彼の最初の作品 1965 年の『もの』は，彼に消費社会のモラリストという評判を与えた）記憶の領域の巨大な探求である．ペレックの人生には，その作品が絶えず繰り返すと同時に消し去ろうとするふたつの消滅がある．休戦の直後に，戦争で死んだポーランド系ユダヤ人である父の消滅であり，アウシュヴィッツで，家族の他のメンバーとともに消えた母の消滅である．ウーリポ（「潜在的文学作成集団」）のもっとも活動的なメンバーであったペレックの作品は，遊びの精神に満ちた，時として奇天烈とも見えるがつねに大胆な形式的探求にあふれている．たとえば『消滅』（1969）は一度として母音字「e」を用いずに書かれている（1972年にペレックはこれとは反対にこの母音字しか用いない著作『幽霊』を書いている）．

『眠る男』 *Un homme qui dort*（1967）は，現代生活を細密に描写した作品であり（この作品では現代の社会でもはや何をする気もなくしたある学生の生活がゆっくりと通常の軌道から外れていく様子を物語っている），文体上も非常に冒険的なものである（この作品はすべて二人称単数を用いて書かれている）．ペレックの作品は今日若い作家たちに大きな刺激を与えており，大学でもしばしば研究の対象として取り上げられている．

・・・・・・・・・・

1) tu ne veux qu'attendre : ne … que「…しかない，…だけ」. ta seule envie, c'est attendre.の意. 少し先の Tu ne sors qu'à la nuit tombée. も同じ. この作品ではしばしばこの表現が用いられているが，これは主人公の学生が意識的に望んでいる無為で，質素で，貧しく単純な生活と照応している．
2) jusqu'à ce qu'il n'y ait plus rien : jusqu'à ce que のあとは必ず接続法．例：J'attendrai jusqu'à ce que tu *reviennes* (J'attendrai ton retour).「きみが帰るまで待とう」．
3) que vienne la nuit, que sonnent les heures, que les jours s'en aillent = jusqu'à ce que vienne la nuit, jusqu'à ce que sonnent les heures, etc.この文章はアポリネールの有名な「ミラボー橋」 Le Pont Mirabeau (Vienne la nuit, sonne l'heure, Les jours s'en vont, je demeure) を暗示している．この暗示はきわめて適切で，メランコリックな絶望の雰囲気をかもしだしている．
4) de telles dispositions = un état d'esprit comme celui-ci.
5) de tous temps = toujours.
6) tendu en avant = tendu vers l'avenir.
7) trop modèle : trop conforme aux modèles imposés par la société「社会が要求する模範にぴったり適った」の意. L'étudiant modèle = l'étudiant idéal.
8) les sacro-saintes images : sacro-saintes は extrêmement respectées, trop respectées ほどの意味だが，もちろん皮肉な表現である．
9) s'embourber = rester pris dans la boue, ここでは rester prisonnier de l'échec の意.
10) laissés-pour-compte :「落ちこぼれ」．

ceux qui sont arrivés trop tard, ceux qui ont posé leur valise sur le trottoir et se sont assis dessus pour s'éponger le front [11]. Mais tu n'as plus besoin d'excuses, de regrets, de nostalgies. Tu ne rejettes rien, tu ne refuses rien. Tu as cessé d'avancer, mais c'est que tu n'avançais pas [12], tu ne repars pas, tu es arrivé, tu ne vois pas ce que tu irais faire plus loin.

11) s'éponger le front : 「タオルで額の汗を拭う」．「生きるための闘い」 lutte pour la vie (struggle for life) やスーツケースに腰を下ろす放浪者のイメージから，種の保存のために強者が弱者を排除するある種のダーウィニズムを根拠とするナチスの理論を，したがってユダヤ人迫害を，それとなく仄めかしていると考えられる．ただ，この作品はこれらの問題を現代生活のより広範な批判のなかで包括的に取り扱っている．
12) c'est que tu n'avançais pas ＝ c'est parce que tu n'avançais pas.

コンスタン 『アドルフ』

« Dites un mot, écrivait-elle ailleurs. Est-il un pays où je ne vous suive[1] ? Est-il une retraite[2] où je ne me cache pour vivre auprès de vous, sans être un fardeau dans votre vie ? Mais non, vous ne le voulez pas. Tous les projets que je propose, timide et tremblante, car vous m'avez glacée d'effroi, vous les[3] repoussez avec impatience. Ce que j'obtiens de mieux, c'est votre silence. Tant de dureté ne convient pas à votre caractère. Vous êtes bon ; vos actions sont nobles et dévouées : mais quelles actions effaceraient vos paroles ? Ces paroles acérées[4] retentissent autour de moi : je les entends la nuit ; elles me suivent, elles me dévorent[5], elles flétrissent tout ce que vous faites. Faut-il donc que je meure, Adolphe ? Eh bien, vous serez content ; elle mourra, cette pauvre créature que vous avez protégée, mais que vous frappez à coups redoublés. Elle mourra, cette importune Ellénore que vous ne pouvez supporter autour de vous, que vous regardez comme un obstacle, pour qui vous ne trouvez pas sur la terre une place qui ne vous fatigue ; elle mourra : vous marcherez seul au milieu de cette foule à laquelle vous êtes impatient de vous mêler ! Vous les connaîtrez, ces hommes que vous remerciez aujourd'hui d'être indifférents ; et peut-être un jour, froissé[6] par ces cœurs arides, vous regretterez ce cœur dont vous disposiez, qui vivait de votre affection, qui eût bravé mille périls pour votre défense[7], et que vous ne daignez plus récompenser d'un regard. »

● 『アドルフ』 *Adolphe*（1816）はナポレオン帝政時代から王政復古期にかけて政界で活躍したスイスはローザンヌ生まれのバンジャマン・コンスタン Benjamin Constant（1767-1830）の自伝三部作のひとつ．主人公が語り手となる一人称小説であるが，この作品は古今東西のあまたある恋愛小説のなかでも恋愛心理の機微を描いた永遠の古典とされている．全十章の本文の前後に「刊行者」の序文や言葉，「刊行者」への手紙やその返事などがつけられているが，無論これは文学的粉飾に過ぎない．シャルロットとの恋愛，10年間事実上の夫婦生活を送ったスタール夫人との諍いなどが下敷きとなっている．1806年から10年にかけて執筆され，1816年に出版された．ドイツのゲッチンゲン大学を卒業したばかりの青年アドルフは名家の出であるが，無関心・臆病・孤独・独立願望・死の観念に悩まされている．ある日友人の恋愛話を聞いて，愛されたい欲求に捉えられる．やがて，10年前からある貴族の愛人となっているポーランドの没落貴族の娘で2児の母，10歳年長のエレノールを誘惑し征服するのだが…．女を捨てようにも捨てられない，別れたくても別れられない，といった不甲斐ない男の心理が実に巧みに描かれている．引用部分は第十章の最後のところでアドルフが読むエレノールの手紙．すでに亡き人となったエレノールはアドルフへの愛と献身，彼のために自ら払った犠牲をせつせつとアドルフに綴っていた．

* * * * * * * * *

1) suive : suivre の接続法現在形．主節の Est-il un pays... が「そんな国はあろうはずがない」というニュアンスの強い疑念を表しているために従属節で接続法が用いられている．Il est... は Il y a... の意の非人称表現．
2) retraite = lieu où l'on se cache, se dérobe「隠れ家」．
3) les : 前に出ている Tous les projets... を受ける人称代名詞．
4) acéré = (*Fig.*) qui blesse profondément.
5) dévorer = (*Fig.*) faire éprouver une sensation pénible.
6) froisser = (*Fig.*) offenser, choquer.
7) ce cœur... qui eût bravé mille périls pour votre défense : eût bravé は braver の接続法大過去形．「あなたをお守りするためなら，どんな危険にも立ち向かったはずのあの心」．

Stendhal

スタンダール 『赤と黒』

  Julien prenait haleine un instant à l'ombre de ces grandes roches, et puis se remettait à monter. Bientôt par un étroit sentier à peine marqué[1] et qui sert seulement aux gardiens des chèvres, il se trouva debout sur un roc immense et bien sûr d'être séparé de tous les hommes. Cette position physique[2] le fit sourire, elle lui peignait la position qu'il brûlait d'atteindre au moral. L'air pur de ces montagnes élevées communiqua la sérénité et même la joie à son âme. Le maire de Verrières[3] était bien toujours, à ses yeux, le représentant de tous les riches et de tous les insolents de la terre; mais Julien sentait que la haine qui venait de l'agiter, malgré la violence de ses mouvements, n'avait rien de personnel[4]. S'il eût cessé de voir M. de Rênal, en huit jours il l'eût oublié[5], lui, son château, ses chiens, ses enfants et toute sa famille. Je l'ai forcé, je ne sais comment, à faire le plus grand sacrifice. Quoi ! plus de cinquante écus[6] par an ! (…)

  Julien, debout sur son grand rocher, regardait le ciel, embrasé par un soleil d'août. Les cigales chantaient dans le champ au-dessous du rocher, quand elles se taisaient tout était silence autour de lui. Il voyait à ses pieds vingt lieues de pays. Quelque épervier[7] parti des grandes roches au-dessus de sa tête était aperçu par lui, de temps à autre, décrivant[8] en silence ses cercles immenses. L'œil de Julien suivait machinalement l'oiseau de proie. Ses mouvements tranquilles et puissants le frappaient, il enviait cette force, il enviait cet isolement.

  C'était la destinée de Napoléon[9], serait-ce un jour la sienne ?

● 19世紀前半をバルザックとともに代表する小説家スタンダールの名作.

　スタンダール Stendhal（1783-1842）は『赤と黒』*Le Rouge et le Noir*（1830），『パルムの僧院』の二つの小説によって有名であるが，近年はその独創的な自伝『アンリ・ブリュラールの生涯』や，イタリア・フランスの旅行記によっても注目されている.

　フランス革命期，ナポレオン帝政期には，平民に生まれても政治家，軍人として名をあらわす機会があったが，これに続く王政復古の時代には，平民に生まれた青年にはもはやそのような道は閉ざされている．こうした状況の中，田舎の製材業者の息子として生まれ，父にも疎まれていた美貌の青年ジュリアンは僧職に自分の出世の糸口を見つけようと，ラテン語・神学を懸命に学ぶ．彼はまず故郷の町ヴェリエールで町長レナール氏の子供たちの住みこみ家庭教師となるが，この家の女主人レナール夫人と恋仲になり，これがもとでその家を出ることを余儀なくされる．ブザンソンの神学校で学んだ後，辞職した神学校長の推薦で，パリの大貴族ラ・モール侯爵の秘書となり侯爵の信頼を得るがここでは侯爵の娘，マティルドと恋愛関係になり，侯爵も彼と彼女の結婚を認める寸前までいくが，レナール夫人が聴罪司祭の教唆でラ・モール侯爵に書いた手紙が原因でそれが不可能となる．ジュリアンはヴェリエールへ駆け戻り，教会でレナール夫人に向けて発砲し，裁判にかけられて断頭台でその生涯を終える．しかしジュリアンはこの粗筋によって想像されるような，自分の野心のことしか頭にないエゴイストではない．むしろ，恋愛をも含め人の情けに敏感な若者であり，他者の心情，性格の偉大さに動かされやすく，彼なりの名誉を重んじる人間である．

　ここに引いた一節は，筋の運びの上で大きな役割を果たしてはいないが，ヴェリエール在住中の彼の山歩きを語りつつも，同時に彼の波瀾の人生を暗示している．

・・・・・・・・・・

1) à peine :「ほとんど…ない」．ここでは「見えるか見えないかの」．
2) cette position physique :「この物質界における位置」．すぐ後に続く au moral「精神面において」と対照されている．
3) Le maire de Verrières : ヴェリエール町長レナール氏，ジュリアンの雇い主．金持ちの事業主で，金と勲章と地位にしか関心がない卑俗な人物として描かれている．この一節の直前にジュリアンはレナール氏と小さないさかいを起し，レナール氏はこのいさかいを収めようと彼に給与の増額を申し出ている．ジュリアンは自分が名誉のことを語っているのに，それを金の要求と勘違いしてしか理解できないレナール氏に呆れ果てている．
4) n'avait rien de personnel :「恨みには個人的なところはいささかもなかった」．不定代名詞 quelqu'un, quelque chose, personne, rien 等に形容詞を付加する場合にはそれらの不定代名詞の後に「de＋形容詞の男性単数形」という形になる．
5) S'il eût cessé ... ., il l'eût oublié : 動詞は条件法過去第2形．この文を現代フランス語に書きなおせば S'il avait cessé ... ., il l'aurait oublié となる．Appendice 1 の 5 を参照．
6) cinquante écus : 当時のお金の単位，1エキュは5フラン．現在の金額では増額分は1年で 250,000 円程度か．
7) Quelque épervier : quelque は数えられる名詞の単数に付される場合には不定の性質を示す．ここでは「はやぶさのように見えるがそうではないかも知れぬもの」という意味合い．
8) décrivant : この現在分詞は「quelque épervier」の状態を示している．
9) Napoléon : 革命，ナポレオン帝政期が終ってから成長した青年たちにとっては，ナポレオンという人物はフランスという国の隆盛，青年の信じられないような出世を一身に体現する人物として意識された．ジュリアンはまさしくそのように考える青年のひとりである．

Rimbaud

ランボー　『谷間に眠る者』『感覚』

LE DORMEUR DU VAL

C'est un trou de verdure où chante une rivière [1]
Accrochant follement aux herbes des haillons
D'argent [2]; où le soleil, de la montagne fière,
Luit: c'est un petit val qui mousse de rayons.

Un soldat jeune, bouche ouverte, tête nue,
Et la nuque baignant dans le frais cresson bleu [3],
Dort; il est étendu dans l'herbe, sous la nue,
Pâle dans son lit vert où la lumière pleut.

Les pieds dans les glaïeuls [4], il dort. Souriant comme
Sourirait un enfant malade [5], il fait un somme:
Nature, berce-le chaudement: il a froid.

Les parfums ne font pas frissonner sa narine;
Il dort dans le soleil, la main sur sa poitrine
Tranquille [6]. Il a deux trous rouges au côté droit.

●アルチュール・ランボー Arthur Rimbaud（1854-91）は 19 世紀フランスの代表的な詩人のひとりで，十代のうちに集中的に詩を書き，二十歳を過ぎるとヨーロッパ，中近東の各地を転々としながら，様々な職業に就いた．右脚静脈瘤が原因で 37 才で死亡したときの彼の職業は，現在のイエメン，エチオピアを中心に商取引に従事する貿易商人であった．フランス語を自在に駆使する早熟の天才詩人と，アラビア語で人生の新開地を求める砂漠の商人が，ランボーのふたつの顔である．主な韻文詩に「酔いどれ船」や「永遠」，散文詩に『地獄の季節』と『イリュミナシオン』がある．

　ここで読む 2 篇の詩はいずれも 1870 年（16 才のとき）に書かれた初期の作品だが，すでに韻文詩としての高い完成度を示している．1870 年 7 月にプロイセン（現在のドイツ）とフランスの間に戦争（普仏戦争）が勃発すると，ランボーが住む東フランス一帯はいち早く戦場と化した．« Le Dormeur du val » は普仏戦争を直接の背景とした反戦の詩であるが，声高に戦争反対を叫ぶのではなく，本来あるべきのどかな風景を描くことによって静かに，しかし説得力を持って戦争の愚かしさを訴えている．« Sensation » では窮屈な家庭から逃れて自由を希求する心が歌われている．ランボーの母親は厳格なカトリック信者で，父親が家族を捨てて出奔してからは，女手一つで 4 人の子供を育てることに腐心した．息の詰まりそうな家庭生活のすぐ隣には，広大なアルデンヌの森が広がっていた．

　ただ，これらの作品は，1 年後に詩人自らこれを否定しているとおり，ランボーにとっては人生の一里塚でしかなかった．

・・・・・・・・・

LE DORMEUR DU VAL

1) chante une rivière：主語と動詞が倒置されている．韻文詩においてよく見られる文体で，rivière は 3 行目の fière と韻を踏んでいる．Appendice 2 の 4 を参照．

2) des haillons d'argent：陽光に照らされながら川辺の草に降りかかる水しぶきのイメージ．印象派的な表現といえる．なお，2 行目全体はこの 1 行で文意が完結せず，3 行目の d'argent で完結する．このように文末の単語が次行にずれ込むことを作詩法上の用語で「句跨ぎ」enjambement という．この詩のなかでは，Luit, Dort, Tranquille と多用されている．この手法は古典派に対するロマン派の勝利を決定づけた 1830 年のユゴー作『エルナニ』冒頭にすでに見られ，両者の合戦の口火を切るものとなった．フランス近代詩が古典的な制約から徐々に解放され，自由詩へと移行していく過程の，一具体例として見ることができる．ちなみに，古典主義の理論家ニコラ・ボワローは『詩法』*L'Art poétique* のなかで，この「句跨ぎ」の使用を戒めている（Chant premier）．

3) le frais cresson bleu：ランボーが少年時代を過ごしたアルデンヌ地方の湿地帯にも棲息し，4 月から 9 月にかけて青い花を付けた．

4) les glaïeuls：iris（アヤメ，ショウブなどのアヤメ科の植物）のひとつで，アルデンヌ地方の湿地帯にも棲息し，5 月～8 月に花を付ける．また，glaïeul の語源は glaive で，最終行の deux trous rouges と暗に照応している．普仏戦争ではプロイセン軍の偵察隊として槍騎兵が活動したからである．

5) Sourirait un enfant malade：Souriait は条件法現在形．主語の un enfant malade に仮定が含まれている．

6) Tranquille：動詞 dort に副詞的にかかる主語 Il と同格の形容詞ではなく，直前の poitrine にかかる付加形容詞．したがって，一見安らかな眠りが，実は死を意味している．

SENSATION

Par les soirs bleus d'été¹⁾, j'irai²⁾ dans les sentiers,
Picoté par les blés, fouler l'herbe menue :
Rêveur, j'en sentirai la fraîcheur à mes pieds.
Je laisserai le vent baigner³⁾ ma tête nue.

⁵ Je ne parlerai pas, je ne penserai rien :
Mais l'amour infini me montera dans l'âme⁴⁾,
Et j'irai loin, bien loin, comme un bohémien,
Par la Nature⁵⁾,—heureux comme avec une femme.

SENSATION

1) Par les soirs bleus d'été : 前置詞 par は時間や天候を表すときにも用いられる．traverser la Manche par gros temps「嵐のドーバー海峡を渡る」．
2) j'irai をはじめ，この詩では主動詞がすべて未来形になっている点に注意．つまり，この作品は過去の経験の記述ではなく，詩人のあこがれ，願望を表明していることになる．ただ，この未来形が生気に溢れ，躍動感に満ちみちているところから，すでに現実の体験として読者に迫ってくるという説がある．現実，非現実の境を超えた言葉の力に留意したい．
3) Je laisserai le vent baigner : laisser は別の動詞不定法を伴って放任を表す．「〜するがままに任せる，放っておく」．
4) Mais l'amour infini me montera dans l'âme : はじめランボーは Mais un amour immense entrera dans mon âme と書いたが，のちに本文のように書き改めた．動詞が entrera から montera に変わることによって精神の高揚感がより巧みに表現されている．
5) Par la Nature : Nature と大文字で書かれているのは自然を強調したり，擬人化，象徴化する手法で，ここでは「大自然」という訳語が当てはまる．

1872年のランボー（ヴェルレーヌのデッサン）

Flaubert　フローベール　『聖ジュリアン伝』

　Un jour, pendant la messe, il¹⁾ aperçut, en relevant la tête, une petite souris blanche qui sortait d'un trou, dans la muraille. Elle trotta sur la première marche de l'autel, et après deux ou trois tours²⁾ de droite et de gauche, s'enfuit du même côté. Le dimanche suivant, l'idée qu'il pourrait la³⁾ revoir le troubla — elle revint — et chaque dimanche il l'attendait, en⁴⁾ était importuné, fut pris⁵⁾ de haine contre elle, et résolut de s'en défaire⁶⁾.

　Ayant donc fermé⁷⁾ la porte, — et semé sur les marches les miettes d'un gâteau, il se posta devant le trou, une baguette à la main.

　Au bout de très longtemps, un museau rose parut, puis la souris toute entière. Il frappa un coup léger, et demeura stupéfait devant ce petit corps qui ne bougeait plus. Mais une goutte de sang tachait la dalle. Il l'essuya bien vite avec sa manche, jeta la souris dehors, et n'en⁸⁾ dit rien à personne. (…)

　Un matin, comme il s'en retournait par la courtine⁹⁾, il vit sur la crête du rempart¹⁰⁾ un pigeon — un gros pigeon à pattes roses qui se rengorgeait au soleil. Julien s'arrêta pour le regarder, — le mur de cet endroit ayant une brèche, un éclat de pierre se rencontra¹¹⁾ sous ses doigts. Il tourna son bras, et la pierre abattit l'oiseau qui tomba d'un bloc¹²⁾ dans le fossé.

　Il se précipita vers le fond, se déchirant aux broussailles, furetant partout, plus leste qu'un jeune chien.

　Le pigeon, les ailes cassées, palpitait, suspendu dans les branches d'un troëne.

　La persistance de sa vie irrita l'enfant. Il se mit à¹³⁾ l'étrangler, et les convulsions de l'oiseau faisaient battre son cœur, l'emplissaient d'une volupté sauvage et tumultueuse. Au dernier raidissement, il se sentit¹⁴⁾ défaillir.

●フローベール Gustave Flaubert（1821-1880）は，スタンダールとバルザックの後を継ぐ 19 世紀後半を代表する小説家．処女作『ボヴァリー夫人』によって文壇デビューを果たすが，風俗壊乱の廉で告発され，文学史上有名な「ボヴァリー裁判」を引き起こす．『聖ジュリアン伝』La Légende de Saint-Julien l'Hospitalier（1876）は，彼が晩年にまとめた短編集『三つの物語』中の一編で，中世の伝説に題材をとりつつも，作者の個人的生い立ちや死生観が色濃く反映された，きわめて密度の高い作品．平和と繁栄を享受する，ある城の中で，人望家の父と優しい母との間に生まれたジュリアン．七歳になった時，彼は様々な教育を受けるが，ある日，礼拝堂の中でのちょっとした出来事が，彼の中に残酷な本能を目覚めさせ，やがて彼の運命を大きく狂わせていくことになる．

. . . .

1) il : 主人公の Julien を受ける．
2) tours :「歩き回ること」，全体で「二，三度，右に左に歩き回ったあと」．
3) la : petite souris を受ける代名詞，その後の le は Julien を受ける．
4) en : 原因，手段を表わす de + souris に代わる代名詞，全体で「鼠がうっとうしくなって」．
5) fut pris : prendre の単純過去の受動態．
6) s'en défaire : se défaire de ....「…を厄介払いする」「…をやっつける」，en は souris を受ける．
7) Ayant....fermé : 現在分詞の完了形，「（ドア）を閉めた後」，次の semé も ayant semé のこと．
8) n'en : en は de cela のことで，「鼠を殺したことについて」．
9) courtine :「幕壁」（四隅の塔と塔の間の城壁，上部は人が歩けるような十分な幅がある）．全体で「幕壁を通って戻る時」．
10) crête du rempart :「城壁のてっぺん」．
11) se rencontra : ここでは，il y eut と同じ意味，「…があった」．
12) d'un bloc :「一挙に」「どさりと」．
13) Il se mit à : se mettre à + *inf.*「…し始める」．
14) il se sentit : se sentir「…の自分を感じる」，全体で「気も遠くなる思いだった」．

Rousseau　ルソー　『ジュリーまたは新エロイーズ』

　　Je me suis longtemps fait illusion. Cette illusion me fut salutaire ; elle se détruit au moment que je n'en ai plus besoin [1]. Vous m'avez crue guérie, et j'ai cru l'être [2]. Rendons grâce à celui qui fit durer cette erreur autant qu'elle était utile ; qui sait si, me voyant [3] si près de l'abîme, la tête ne
5　m'eût point tourné ? Oui, j'eus beau vouloir étouffer le premier sentiment qui m'a fait vivre, il s'est concentré dans mon cœur. Il s'y réveille [4] au moment qu'il n'est plus à craindre ; il me soutient quand mes forces m'abandonnent ; il me ranime quand je me meurs. Mon ami, je fais cet aveu sans honte ; ce sentiment resté malgré moi fut involontaire, il n'a rien
10　coûté à mon innocence ; tout ce qui dépend de ma volonté fut pour mon devoir : si le cœur qui n'en dépend pas [5] fut pour vous, ce fut mon tourment et non pas mon crime. J'ai fait ce que j'ai dû faire ; la vertu me reste sans tache, et l'amour m'est resté sans remords. (…)

　　Adieu, adieu, mon doux ami… Hélas ! j'achève de vivre comme j'ai
15　commencé. J'en dis trop, peut-être, en ce moment où le cœur ne déguise plus rien… Eh pourquoi craindrais-je d'exprimer tout ce que je sens ? Ce n'est plus moi qui te parle ; je suis déjà dans les bras de la mort. Quand tu verras cette lettre, les vers rongeront le visage de ton amante [6], et son cœur où tu ne seras plus. Mais mon âme existerait-elle sans toi ?, sans toi quelle
20　félicité goûterais-je ? Non, je ne te quitte pas, je vais t'attendre. La vertu qui nous sépara sur la terre, nous unira dans le séjour éternel. Je meurs dans cette douce attente : trop heureuse d'acheter au prix de ma vie le droit de t'aimer toujours sans crime, et de te le dire encore une fois !

●ジュネーヴ生まれの思想家 J=J・ルソー Jean-Jacques Rousseau（1712-78）の『ジュリー，あるいは新エロイーズ』*Julie ou la Nouvelle Héloïse*（1761）は全六部，総数163通の書簡から成る，当時流行の書簡体形式による恋愛小説で，1761年に出版されるや空前の大ベストセラーとなった．副題は中世の神学者アベラールとその教え子エロイーズの往復書簡にちなむ．スイスの男爵家の令嬢ジュリー・デタンジュは平民の家庭教師（サン・プルーなる仮名で呼ばれる青年）と恋に落ち，愛の一夜で結ばれて妊娠するものの流産して青年との結婚の夢は破れ，父の友人ヴォルマール男爵の貞淑な妻となる．失意の青年は英国のアンソン提督の艦隊に乗り組み世界を周航，四年後に戻るとジュリーの二人の息子の家庭教師に招かれる．引用部分は第六部第12書簡（ジュリーからサン・プルー宛て）．ふたりが知り合ってから12年が経過している．今やヴォルマール男爵夫人としてレマン湖畔クラランの農園に君臨するジュリーは湖に落ちた息子を助けて病の床にふせった．死を覚悟した彼女はかつての恋人サン・プルーに心の内を明かす．サン・プルーとの愛を克服したと信じたのは illusion, erreur であった，あの＜最初の感情＞がこの世を離れる最後の時に自分を支えてくれる…と語るジュリー．Adieu, adieu で始まる後段でサン・プルーへの呼びかけが突然 tu に変わっている点に注意．来世でのふたりの union への期待のうちに死を迎える気持ちが感動的に述べられている．手紙を読むサン・プルーの上に今は亡きジュリーの声が天上から降ってくるようだ．全編中もっとも心を打つ書簡のひとつと言ってよい．

・・・・・・・・・・

1) je n'en ai plus besoin : je n'ai plus besoin de cette illusion.
2) j'ai cru l'être : l'être の l' は中性代名詞の le で，形容詞 guérie の代わりに用いられている．
3) me voyant : se voir の現在分詞形．この分詞構文の意味上の主語は主節の主語 la tête ではなく，je（「私」）である点に注意．
4) Il s'y réveille : y は直前の dans mon cœur を指す中性代名詞．
5) qui n'en dépend pas : qui ne dépend pas de ma volonté.
6) ton amante : amant, amante = celui, celle qui a de l'amour pour une personne de l'autre sexe「恋人」．

Céline

セリーヌ　『夜の果ての旅』

　　L'eau venait clapoter[1] à côté des pêcheurs et je me suis assis pour les regarder faire. Vraiment, je n'étais pas pressé du tout moi non plus, pas plus qu'eux[2]. J'étais comme arrivé au moment, à l'âge peut-être, où on sent bien ce qu'on perd à chaque heure qui passe. Mais on n'a pas encore acquis la force de sagesse qu'il faudrait pour s'arrêter pile[3] sur la route du temps et puis d'abord si on s'arrêtait on ne saurait quoi faire non plus sans cette folie d'avancer qui vous possède et qu'on admire depuis toute sa jeunesse. Déjà on en est moins fier d'elle de sa jeunesse[4], on ose pas[5] encore l'avouer en public que ce n'est peut-être que cela sa jeunesse, de l'entrain à vieillir[6].

　　(…) Au bord du quai les pêcheurs ne prenaient rien. Ils n'avaient même pas l'air de tenir beaucoup à en prendre des poissons[4]. Les poissons devaient les connaître. Ils restaient là tous à faire semblant. Un joli dernier soleil tenait encore un peu de chaleur autour de nous, faisant sauter sur l'eau des petits reflets coupés de bleu et d'or. Du vent, il en venait[4] du tout frais d'en face à travers les grands arbres, tout souriant le vent[7], se penchant à travers mille feuilles, en rafales douces. On était bien. Deux heures pleines, on est resté ainsi à ne rien prendre, à ne rien faire. Et puis, la Seine est tournée au sombre et le coin du pont est devenu tout rouge de crépuscule. Le monde en passant nous avait oubliés là, nous autres, entre la rive et l'eau.

　　La nuit est sortie de dessous les arches[8], elle est montée tout le long du château, elle a pris la façade, les fenêtres, l'une après l'autre, qui flambaient devant l'ombre. Et puis, elles se sont éteintes aussi les fenêtres.

　　Il ne restait plus qu'à partir[9], une fois de plus.

●現在セリーヌ Louis-Ferdinand Céline（1894 - 1961）は 20 世紀最大のフランスの作家のひとりとして認められている．カミュ，マルロー，サルトルといった人道主義的ではあるが，その言語的革新においてはさほどのことを成し遂げなかった作家達の評価に今日陰がさしているのに対し，セリーヌはその暴力的言語（セリーヌの言語はもっとも革命的な言語のひとつである），その主題の過激さ（彼の著作にはしばしば糞尿譚的な部分がある），彼の思想的遍歴（セリーヌは三冊の暴力的であるほどに反ユダヤ主義の論争的テキストを書いている）のゆえに多くの人に忌避され続けながらも，いまや無視することのできない作家である．

『夜の果ての旅』Voyage au bout de la nuit は 1932 年に出版された．この小説の出版まで，ほとんど誰も，つましい出身の独学者であり，文壇でもほとんど無視されていた 38 歳のこの無名の作家を知らなかった．しかしこれが出版されると批評家たちも一般読者も昂奮し，その評価は真っ二つに分かれた．ある人々は，この作品を何としてもひとを驚かしてやろうという空しい目的しかもたない文学的怪物とみなした．多くのひとびとがただちにこの作品を傑作と称えたが，その理由はまちまちだった．右翼のひとびとは，セリーヌのうちに，大いに檄文の才能に恵まれ，自らの価値と徳を忘れがちな文明に言うべきことをはっきり言う偉大な人道主義者を認める．他方，左翼のひとびとは，たとえばトロツキーのように（トロツキーは『夜の果ての旅』のロシア語版に序文を寄せている），帝国主義，植民地主義，テーラーシステム，資本主義といったブルジョア社会の汚点を容赦なくあばく観察者としてセリーヌを称える．いずれにせよ，文体，表現において巨大な革新（言語の様々なレベルの混交，伝統的統辞法の転覆，書き言葉と話し言葉の融合）を成し遂げたセリーヌはプルーストとともにフランス文学のもっとも重要な作家のひとりである．

・・・・・・・・・

1) clapoter = faire un bruit de petites vagues.
2) pas plus qu'eux = pas plus pressé qu'eux. eux は les pêcheurs を指す．
3) s'arrêter pile = s'arrêter juste. 例：Il est huit heures pile. = Il est exactement huit heures. 「ちょうど 8 時だ」．
4) Déjà on en est moins fier d'elle de sa jeunesse : Déjà, on est moins fier *de sa jeunesse*. と，代名詞を省いて書きかえても意味は同じ．en は de sa jeunesse を受ける．d'elle も de sa jeunesse．典型的な口語体で，意図的な反復が見られ，しばしば主題が文末に置かれる．例：Tu *en* veux, *de la soupe* ? = Tu veux de la soupe ? 少し先の Ils n'avaient même pas l'air de tenir beaucoup à *en* prendre *des poissons* も同じ文体．前文同様 en が先に来て des poissons を受けている．更に少し先の *Du vent*, il *en* venait では en が後に来て du vent を受ける．これと同じ手法は中性代名詞 le においても見られる．on n'ose pas encore *l*'avouer en public *que ce n'est peut-être que cela*… では l' (le) が先行して que ce n'est peut-être que cela を受けている．これらはみな日常話される口語調であるが，セリーヌはこうした文体を好み，それが彼の文章に独自のトーンと豊かな表現力を与えている．
5) on ose pas : 否定の ne(n') が省略されている．正確には on n'ose pas と言う．これも日常会話でよく見られる表現．
6) de l'entrain à vieillir : entrain は enthousiasme の意．若者はとかく年とることを急ぐ．
7) tout souriant le vent : 動詞 être が省略され，主語と属詞が倒置されている．正確には le vent était tout souriant.
8) les arches = la partie du pont en forme d'*arc*, qui s'appuie sur les piliers.
9) Il ne restait plus qu'à partir = la seule solution qui restait, c'était partir.

Encyclopédie

『日本』（『百科全書』より）

　　Si le Japon exerce[1] la curiosité des géographes, il est encore plus digne des regards d'un philosophe. Nous fixerons ici les yeux du lecteur sur le tableau intéressant qu'en a fait l'historien philosophe de nos jours. Il nous peint avec fidélité ce peuple étonnant, le seul de l'Asie qui n'a jamais été vaincu, qui paraît invincible; qui n'est point, comme tant d'autres, un mélange des différentes nations, mais qui semble aborigène[2] : et au cas qu'il descende d'anciens Tartares[3], 1200 ans avant J. C.[4] suivant l'opinion de P. Couplet[5], toujours est-il sûr[6] qu'il ne tient rien des[7] peuples voisins. Il a quelque chose de l'Angleterre[8], par la fierté insulaire qui leur est commune et par le suicide qu'on croit si fréquent dans ces deux extrémités de notre hémisphère; mais son gouvernement ne ressemble point à l'heureux gouvernement de l'Angleterre[9] (…)

　　La liberté de conscience[10] ayant toujours été accordée[11] dans cet empire, ainsi que dans tout le reste de l'Orient, plusieurs religions étrangères s'étaient paisiblement introduites au Japon. Dieu permettait ainsi que la voie fût[12] ouverte à l'Évangile dans ces vastes contrées; personne n'ignore qu'il fit des progrès prodigieux sur la fin du seizième siècle, dans la moitié de cet empire. La célèbre ambassade de trois princes chrétiens japonais[13] au pape Grégoire XIII[14], est, ce me semble, l'hommage le plus flatteur que le Saint-siège[15] ait jamais reçu[16]. Tout ce grand pays, où il faut abjurer l'Évangile, et dont aucun sujet ne peut sortir, a été sur le point d'être un royaume chrétien, et peut-être un royaume portugais. Nos prêtres étaient plus honorés que parmi nous; à présent leur tête y est à prix, et ce prix même y est fort considérable; il est d'environ douze mille livres[17].

●ディドロ Denis Diderot（1713-1784）が中心になって 1751 年から 1772 年にかけて編纂された百科事典である『百科全書』*Encyclopédie ou Dictionnaire raisonné des sciences, des arts, et des métiers* は一大出版事業であると同時に政治的事件でもあった．この書の出版は，啓蒙思想の拡大を望まない勢力からの数々の妨害にあいながらも，ディドロの超人的な努力，また権力者の側にもいたこの企画への賛同者からの援助にも助けられて 20 年以上の歳月をかけて成し遂げられた．

『百科全書』は啓蒙思想を発展させる契機でもあり，またそれをヨーロッパ中に広げる原動力ともなった．またそれまでそれぞれの領域の専門家の知識であったものを，広範な知識層に共有させる努力を行った書物でもあった．

また同時に，今日の目から眺めるならば，『百科全書』の各項目は18世紀のフランス人が世界をどのように眺めていたかを映す貴重な歴史的資料ともなっている．ここで取り上げたのは，「日本」の項目である．当時鎖国をしていて，あまり情報が伝わっていなかった極東の国にもこの書物は注意深い視線を注いでいる．

・・・・・・・・・・・

1) exerce：「（知力，徳性などを）試練に合わせる」，「試す」．
2) aborigène：「土着の」，「原生の」．
3) Tartares：「タタール人」．北方アジアの原住民．ヨーロッパの住民にとっては，遠いフン族襲来の記憶もあり，タタール人というのは，奥深いアジアにいる好戦的な住民というイメージで捉えられていた．
4) avant J. C.：J.C. は Jésus-Christ, すなわちイエス・キリスト，avant J. C. は《紀元前》．
5) P. Couplet：1628 年生まれ 1692 年没のベルギー人のイエズス会宣教師．長く中国で布教し，中国，極東地方をヨーロッパに紹介する著述をおこなった．
6) toujours est-il sûr：副詞が文頭に置かれた場合，往々にしてその後で倒置がおこなわれる．
7) il ne tient rien des：tenir *qc.* de～「から…を受け継ぐ」．
8) Il a quelque chose de l'Angleterre：「イギリスに似たところがある」．
9) heureux gouvernement de l'Angleterre：清教徒革命，名誉革命の二度の革命を経て，当時イギリスに確立されていた立憲王政の体制を，絶対王政の支配のもとに生きていたフランスの百科全書派の人々は，理想的な体制として考えていた．
10) liberté de conscience：「信教の自由」．
11) ayant toujours été accordée：この分詞は理由を現している．「信教の自由がつねに認められていたので」．
12) fût：être の接続法半過去．
13) ambassade de trois princes chrétiens japonais：九州のキリシタン大名（大友宗麟，大村純忠，有馬晴信）による天正遣欧使節（1582～90 年）を指す．
14) Grégoire XIII：ローマ教皇，在位 1572 年～1585 年．天正遣欧使節を接見したのはこの教皇である．
15) Saint-siège：「ローマ教皇座」．
16) ait... reçu：recevoir 接続法過去．先行詞についている形容詞が最上級に置かれているために用いられる接続法．
17) livres：当時の貨幣単位．

Zola

ゾラ
『オ・ボヌール・デ・ダム（御婦人の幸福のために）百貨店』

　　Aux soieries, le retour de Robineau avait déchaîné toute une révolution. Le comptoir espérait qu'il ne rentrerait pas, dégoûté des ennuis qu'on lui créait sans cesse [1] ; et, un moment, en effet, toujours pressé par Vincard [2] qui voulait lui céder son fonds de commerce, il avait failli le prendre [3]. Le sourd travail de Hutin, la mine qu'il creusait depuis de longs mois sous les pieds du second [4], allait enfin éclater. Pendant le congé de celui-ci [5], comme il le suppléait à titre de premier vendeur [6], il s'était efforcé de lui nuire dans l'esprit des chefs [7], de s'installer à sa place, par des excès de zèle : c'étaient de petites irrégularités découvertes et étalées [8], des projets d'améliorations soumis, des dessins nouveaux qu'il imaginait. Tous [9], d'ailleurs, dans le rayon, depuis le débutant [10] rêvant de passer vendeur [11], jusqu'au premier [12] convoitant la situation d'intéressé [13], tous n'avaient qu'une idée fixe [14], déloger le camarade au-dessus de soi pour monter d'un échelon, le manger s'il devenait un obstacle; et cette lutte des appétits, cette poussée des uns sur les autres, était [15] comme le bon fonctionnement même de la machine [16], ce qui [17] enrageait la vente et allumait cette flambée du succès dont Paris s'étonnait. Derrière Hutin, il y avait Favier [18], puis derrière Favier, les autres, à la file. On entendait un gros bruit de mâchoires [19]. Robineau était condamné, chacun déjà emportait son os. Aussi, lorsque le second reparut, le grognement fut-il général [20]. Il fallait en finir [21], l'attitude des vendeurs lui avait semblé si menaçante, que [22] le chef du comptoir, pour donner à la direction [23] le temps de prendre un parti, venait d'envoyer Robineau au rassortiment [24].

● ゾラ Emile Zola（1840-1902）は 19 世紀後半の小説家．第二帝政期のパリを舞台に，20 編の小説からなる『ルゴン・マッカール叢書』を著わし，近代の様相を急速に纏いつつある変化の激しいフランスの全体像を描き出そうとした．新しい時代を象徴するものとして，ゾラは『獣人』では鉄道を取り上げ，そして『オ・ボヌール・デ・ダム百貨店』Au bonheur des dames（1883）では，新しい商業の形態としてパリに出現し，古くからの小売商を次々と滅ぼしながら巨大化してゆく，さながら飢えた怪物のような百貨店の姿を描き出している．外部にあっては，伝統的な小売商を破滅に追いやる百貨店は，内部にあっては店員相互を競わせることによってその驚くべき活力を生み出している．そして疲れ果てて役に立たなくなった店員は，壊れた部品のように外に放り出されてしまう．ここに引いた一節では，絹物売り場副責任者のロビノーが，休暇を取った後復職してきた際の，売り場の他の店員たちの反応が描かれている．彼等はみな，ロビノーが店をやめ，その結果自分たちの地位があがることを期待していたのである．

• • • • • • • • • •

1) dégoûté：ロビノーの状態を示している過去分詞，「皆がたえず彼にしかける嫌がらせに嫌気がさして」．
2) pressé par Vincard：ロビノーの知り合いの商人 Vincard は，ロビノーに自分の店の権利を譲り渡して引退しようと考えており，ロビノーも一時その気になる．
3) avait failli le prendre：faillir+inf. は「もう少しで～するところである」．
4) second：売り場の「副責任者」，ロビノーのこと．
5) celui-ci：この代名詞もロビノーを指している．
6) premier vendeur：「販売主任」，ロビノーの役職のすぐ下の役職．
7) chefs：「役員たち」．
8) c'étaient de petites irrégularités découvertes et étalées：Hutinはロビノーがたいしたことではないがいかがわしいことをやっていたと大げさに上層部に告げ口する．
9) tous：代名詞「すべての人」，[tus]と発音する．
10) débutant：雇われて店に出始めたばかりの「見習」．
11) passer vendeur：「正雇いの売り子となる」．
12) premier：premier vendeur つまり Hutin のこと．
13) intéressé：「利害の当事者」，すなわち追い払われかけているロビノー．
14) idée fixe：「固定観念」，その内容がこれに続く不定法 déloger と manger で示されている．
15) cette lutte (…), cette poussée (…), était：cette lutte と cette poussée は並列されているのではなく，後者が前者の言い換えになっている．したがって動詞 être は単数に置かれ était となっている．
16) machine：この「機械」とは「百貨店」のこと．この作品では往々にして百貨店は「巨大で精密で力強い機械」にも「貪欲に商品を，顧客を，店員を飲みこみ咀嚼する怪物」にも喩えられている．
17) ce qui：文のこの部分より前全体を受けている．「こうしたことが，販売を狂気じみたものとしていた」．
18) Favier：Hutin の下の位の店員．
19) un gros bruit de mâchoires：店員たちを咀嚼する怪物「百貨店」の「顎の音」である．
20) le grognement fut-il général：Aussi が文頭に出てくるとその後では主語と動詞が倒置される．ここで主語は普通名詞なのでそのまま倒置することができず，il という代名詞に一度主語を置き換えて，それと動詞の間で倒置を行なっている．
21) en finir：「けりをつける」．
22) si menaçante, que：si … que「非常に～なので que 以下のようになる」．
23) direction：「経営陣」，「首脳陣」．
24) rassortiment：「仕入れ部門」．

パスカル 『パンセ』

 Divertissement. — Quand je m'y suis mis quelquefois à considérer les diverses agitations[1] des hommes et les périls et les peines où ils s'exposent, dans la cour, dans la guerre, d'où naissent tant de querelles, de passions, d'entreprises hardies et souvent mauvaises, etc., j'ai découvert que tout le malheur des hommes vient d'une seule chose, qui est de ne savoir pas demeurer en repos, dans une chambre. Un homme qui a assez de bien pour vivre, s'il savait demeurer chez soi avec plaisir, n'en sortirait pas[2] pour aller sur la mer ou au siège d'une place[3]. On n'achètera une charge à l'armée si chère, que parce qu'on trouverait insupportable de ne bouger de la ville ; et on ne recherche les conversations et les divertissements des jeux que parce qu'on ne peut demeurer chez soi avec plaisir.

 Mais quand j'ai pensé de plus près[4], et qu'après[5] avoir trouvé la cause de tous nos malheurs, j'ai voulu en découvrir la raison[6], j'ai trouvé qu'il y en a une[7] bien effective[8], qui consiste dans le malheur naturel de notre condition faible et mortelle, et si misérable, que rien ne peut nous consoler, lorsque nous y pensons de près[9].

●天才数学者ブレーズ・パスカル Blaise Pascal（1623-62）の『パンセ』*Pensées*（1670）はフランスのモラリスト文学の傑作と考えられている，日本でもよく知られた作品である．モラリストとは＜人間性の探求者＞といったほどの意味で，人間の本性に関する鋭い洞察を格言や断章風の短い文章で綴った作品がフランス文学史上いくつも残されている．確かにパスカルのこの作品はそうしたフランス文学に特有の系譜に属するとしてよいが，しかし著者自身の意図はまた別のところにあった．彼は当時イエズス会と対立していたカトリックの厳格な一派であるジャンセニストたちときわめて近しい関係にあったが，この宗派は，人間は神の命令に背いたことによってその本性を決定的に変質してしまったとするアウグスチヌス（354-430）の原罪の教義をことに重んじていた．パスカルはこうしたジャンセニスムの教えに立ちながら，生前，無神論者や懐疑論者をキリスト教信仰の道に連れ戻すための著作を構想していた．『パンセ』は未完に終わった彼のキリスト教護教論の試みだったのである．ブランシュヴィック版断章番号 139 の本文も，このような原罪の考えを色濃く反映しているのがわかるだろう．パスカルは 1662 年に亡くなったが，死後発見された遺稿がポール・ロワイヤルに集うジャンセニストの友人たちの手によって 1670 年に『パスカル氏のパンセ』と題されて出版された．この初版はポール・ロワイヤル版と呼ばれている．

・・・・・・・・・・

1) agitation = trouble de l'âme; trouble intérieur.
2) n'en sortirait pas : ne sortirait pas de chez soi.
3) place = ville défendue, protégée par des remparts capables de soutenir un siège「城塞都市」．
4) de plus près :「もっと仔細に」．
5) qu'après : qu' は接続詞 quand の繰り返しを避けるために用いられた que．
6) j'ai voulu en découvrir la raison : j'ai voulu découvrir la raison de tous nos malheurs.
7) qu'il y en a une : qu'il y a une raison.
8) effectif = (*en théol.*) qui produit des effets「有効な」．
9) nous y pensons de près : nous pensons de près à notre condition.

Sartre

サルトル 『黒いオルフェ[1]』

　Qu'est-ce donc que[2] vous espériez, quand vous ôtiez le bâillon[3] qui fermait ces bouches noires ? Qu'elles allaient entonner vos louanges ?[4] Ces têtes que nos pères avaient courbées[5] jusqu'à terre par la force, pensiez-vous, quand elles se relèveraient[6], lire l'adoration dans leurs yeux ? Voici des hommes noirs debout qui nous regardent[7] et je vous souhaite de ressentir comme moi le saisissement d'être vus. Car le blanc a joui trois mille ans du privilège de voir sans qu'on le voie[8] ; il était regard pur, la lumière de ses yeux tirait toute chose de l'ombre natale, la blancheur de sa peau c'était un regard encore, de la lumière condensée. L'homme blanc[9], blanc parce qu'il était homme, blanc comme le jour, blanc comme la vérité, blanc comme la vertu, éclairait la création comme une torche, dévoilait l'essence secrète et blanche des êtres. Aujourd'hui ces hommes noirs nous regardent et notre regard rentre dans nos yeux ; des torches noires, à leur tour, éclairent le monde et nos têtes blanches ne sont plus que[10] de petits lampions balancés par le vent[11]. Un poète noir, sans même se soucier de nous, chuchote à la femme qu'il aime :

　　« Femme nue, femme noire
　　Vêtue de ta couleur qui est vie…

　　Femme nue, femme obscure,
　　Fruit mûr à la chair ferme, sombres extases de vin noir. »[12]

　et notre blancheur nous paraît[13] un étrange vernis blême qui empêche notre peau de respirer[14], un maillot blanc, usé aux coudes et aux genoux, sous lequel[15], si nous pouvions l'ôter, on trouverait la vraie chair humaine, la chair couleur de vin noir.

●1948年レオポール・セダール・サンゴールが編んだ『ニグロ・マダガスカル新詩華集』 *Nouvelle anthologie de la poésie nègre et malgache* にサルトルが寄せた序文 « Orphée noir » の冒頭部分.

　ジャン＝ポール・サルトル Jean-Paul Sartre（1905-1980）は第二次大戦中，対独抵抗運動に参加，戦後「実存主義」を唱え，雑誌『現代』に拠ってフランスの文学と思想をリードした「アンガージュマン（社会参加）」の作家．構造主義の登場後も，1968 年の 5 月革命までその影響力は衰えなかった．哲学書に『存在と無』『弁証法的理性批判』，小説に『嘔吐』『自由への道』，戯曲に『出口なし』『悪魔と神』『汚れた手』，自伝に『言葉』，評論に『シチュアシオン』『聖ジュネ』『家の馬鹿息子』などがある．

　サンゴール Léopold Sédar Senghor（1906-2001）はセネガルの詩人で，1930 年代にパリでマルチニック出身のエメ・セゼール Aimé Césaire（1913-）とともに黒人性を称揚する「ネグリチュード」運動を起こした．フランスは 17 世紀からカリブ海の植民地にアフリカから奴隷を運び，プランテーションで砂糖を生産した．1948 年に黒人新詩華集が出たのは，1848 年の奴隷制廃止百周年を記念してのこと．サルトルはアルジェリアやアフリカの植民地問題に積極的に関わり，一貫して第三世界の側に立った．

・・・・・・・・・

1) Orphée オルフェ はギリシャ神話に出てくる竪琴の名手で詩人，蛇に咬まれて死んだ妻ユリディースを冥界に迎えに行き，約束に背いて後ろを振り返ったため，妻を永遠に失う．
2) Qu'est-ce donc que... : donc は強調で「ゆえに」の意味ではない．
3) bâillon :「さるぐつわ」．
4) Qu'elles allaient entonner... : 前に Espériez-vous を補う．entonner vos louanges「あなたを賞賛する音頭をとる」．
5) avaient courbées : 直説法大過去，先行詞 ces têtes との性数一致に注意．
6) quand elles (= ces têtes) se relèveraient : この部分は時の副詞節なのでカッコに入れ，pensiez-vous lire... と続けて読む．
7) 以下 2 つの動詞 regarder と voir に注意．白人と黒人の関係を見る・見られる関係，まなざしの主体・客体として描いている．
8) voir sans qu'on le voie = voir sans être vu.
9) L'homme blanc : この主語の動詞は éclairait と dévoilait．
10) ne sont plus que... :「もはや〜にすぎない」．
11) petits lampions balancés par le vent :「風前の灯」．
12) 引用はサンゴールの詩「黒い女」より．
13) paraît : 属詞は vernis blême と maillot blanc の 2 つ．
14) qui empêche notre peau de respirer : empêcher *qn.* de + *inf.* の文型に注意．
15) sous lequel : lequel は男性単数なので，先行詞は maillot blanc．

プルースト 『失われた時を求めて』

　Et tout d'un coup le souvenir m'est apparu. Ce goût c'était celui du petit morceau de madeleine que le dimanche matin à Combray (parce que ce jour-là je ne sortais pas avant l'heure de la messe), quand j'allais lui dire bonjour dans sa chambre, ma tante Léonie m'offrait après l'avoir trempé dans son infusion de thé ou de tilleul. La vue de la petite madeleine ne m'avait rien rappelé avant que je n'y eusse goûté[1] ; peut-être parce que, en ayant souvent aperçu depuis, sans en manger, sur les tablettes des pâtissiers, leur image avait quitté ces jours de Combray pour se lier à d'autres[2] plus récents ; peut-être parce que de ces souvenirs abandonnés si longtemps hors de la mémoire[3], rien ne survivait, tout s'était désagrégé ; les formes — et celle aussi du petit coquillage de pâtisserie, si grassement sensuel, sous son plissage sévère et dévot[4] — s'étaient abolies, ou, ensommeillées, avaient perdu la force d'expansion qui leur eût permis[5] de rejoindre la conscience. Mais, quand d'un passé ancien rien ne subsiste, après la mort des êtres, après la destruction des choses, seules[6], plus frêles mais plus vivaces, plus immatérielles, plus persistantes, plus fidèles, l'odeur et la saveur restent encore longtemps, comme des âmes, à se rappeler, à attendre, à espérer, sur la ruine de tout le reste, à porter sans fléchir, sur leur gouttelette presque impalpable, l'édifice immense du souvenir.

　Et dès que j'eus reconnu[7] le goût du morceau de madeleine trempé dans le tilleul que me donnait ma tante (quoique je ne susse pas encore et dusse remettre à bien plus tard de découvrir pourquoi ce souvenir me rendait si heureux[8]), aussitôt la vieille maison grise sur la rue, où était sa chambre, vint comme un décor de théâtre s'appliquer au petit pavillon, donnant sur le jardin, qu'on avait construit pour mes parents sur ses derrières (ce pan tronqué que seul j'avais revu jusque-là[9]) ; et avec la maison, la ville, depuis le matin jusqu'au soir et par tous les temps, la Place où on m'envoyait avant déjeuner, les rues où j'allais faire des courses, les

● 『スワン家の方へ』をもって刊行が始まった『失われた時を求めて』*A la recherche du temps perdu* (1913-27) 全七編は，ここに引いた一節の三千倍にもなる大長編小説だが，その後の文学に与えた影響には多大なものがある．

　作者のプルースト Marcel Proust（1871-1922）は，パリの裕福な家庭に生まれ，早くから文筆の才を示しながら，病弱だったせいもあって生涯仕事らしい仕事をしたことがない人だった．そして最後の十数年はこの小説の執筆にすべてを捧げた．しかしついに完成には至らず，三分の一ほどは残された原稿をもとに作者の死後になってから出版された．

　19 世紀末から 20 世紀初頭にかけてのフランス社会を背景に，人間生活の諸相が独特な文体で詳細かつ念入りに描かれている．作者自身を思わせるところの多い語り手の「私」は，優れた芸術作品に触れることを喜びとしながらも，社交や恋愛に明け暮れる生活に多くの時を費やしていく．ところがあるとき，ただ空しく過ぎ去ったものと思っていた日々が，ふとした偶然から鮮やかに蘇ってくる．平凡な日常にこそ価値があるとの認識に達した彼は，それを素材に小説を書こうと決意する．

　作中でおそらく最も有名なマドレーヌの挿話の最後の部分をここでは読む．小説の冒頭，ベッドのなかで自らの過去をあれこれと振り返っている「私」にとって，いつも決まって思い出されるのは，少年の頃に休暇を過ごした田舎町コンブレーでの悲しい夜の出来事でしかない．ところがある日，外出先から帰った語り手は，紅茶に浸したマドレーヌのかけらを口に運んだとたん，不思議な幸福感に襲われる．

　意志とは無関係に突然体内に目覚めた名付けようもない感覚がもとになって，ついにはコンブレーの街とそこに流れていた時間のすべてがくっきりと浮かび上がってくる．五感のうち最も知的と言ってよい視覚ではなく，嗅覚と味覚が惹き起こす無意志的記憶．知性よりもまず感性を貴んだプルーストの基本的な姿勢がうかがえる．

　この作家特有の長い文章が続くが，それぞれの構文に注意して忍耐強く読み解いてゆけば，しっかりと構築された世界であることが納得できるはず．読み手の知性が求められる作品でもある．

・・・・・・・・・・

1) je n'y eusse goûté：接続法大過去．goûter が直接目的補語ではなく y を伴っていることに注意．
2) d'autres：jours が省略されている．
3) de ces souvenirs abandonnés si longtemps hors de la mémoire：mémoire が記憶したり思い出したりする能力，機能を指すのに対して，souvenir は記憶されたことがら，思い出．
4) petit coquillage de pâtisserie, si grassement sensuel, sous son plissage sévère et dévot：マドレーヌ菓子が，聖人に由来する名称をもつ帆立貝 coquille Saint-Jacques の形をしていることからの連想．

chemins qu'on prenait si le temps était beau. Et comme dans ce jeu [10] où les Japonais s'amusent à tremper dans un bol de porcelaine rempli d'eau, de petits morceaux de papier jusque-là indistincts qui, à peine y sont-ils plongés [11] s'étirent, se contournent, se colorent, se différencient,
5 deviennent des fleurs, des maisons, des personnages consistants et reconnaissables, de même maintenant toutes les fleurs de notre jardin et celles du parc [12] de M. Swann, et [13] les nymphéas de la Vivonne [14], et les bonnes gens du village et leurs petits logis et l'église et tout Combray et ses environs, tout cela qui prend forme et solidité, est sorti, ville et jardins, de
10 ma tasse de thé.

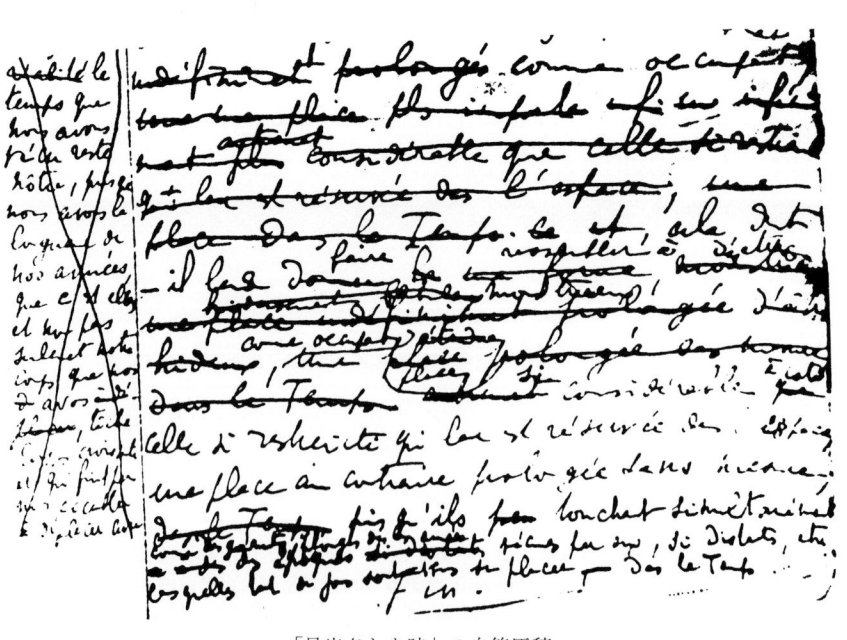

「見出された時」の自筆原稿

その前の grassement sensuel は主に材料のバターによるもの．さらには，マドレーヌという名前自体，聖書に登場するマグダラのマリア Marie-Madeleine，すなわち悔い改めてイエスの復活に立ち会った人物を想起させる．

5) eût permis : 条件法過去第二形．
6) seules : これ以下に続く形容詞はいずれも，二行下の l'odeur et la saveur に一致している．
7) j'eus reconnu : 直説法前過去．主節の動詞 vint が単純過去であることに対応している．
8) remettre à bien plus tard de découvrir pourquoi ce souvenir me rendait si heureux : 理由が判明するのは，小説の末尾において語り手が同じような無意志的記憶の体験をしたときのことで，そしてそれが小説執筆の決意へとつながっていく．
9) ce pan tronqué que seul j'avais revu jusque-là : マドレーヌの挿話の直前に語られている出来事の背景．
10) ce jeu : 水中花のこと．プルーストはこれを世紀末の日本趣味 japonisme 流行のなかで知った．
11) à peine y sont-ils plongés : à peine の後で主語と動詞が倒置され，「…するとすぐに」の意味になる．
12) toutes les fleurs de notre jardin et celles du parc : parc と jardin が使い分けられている点に注意．
13) et を繰り返すことで各項が強調される．そもそもこの一節には et で始まる文が多く，しかも終りに近づくにしたがって et が頻繁に使われている．フィナーレで次第にテンポを増していく音楽作品の終り方を思わせる．
14) la Vivonne : コンブレーを流れる川の名前．

Appendice 1　動詞の時称 Temps du verbe

1. 直説法単純過去 passé simple

　単純過去は文章語，しかも主に歴史の叙述や小説に用いられるものですが，これを知っておくことにより読むことのできるテキストの範囲は非常に広がります．複合過去が，話者が話しつつある現在との関連で捉えられた過去であるのに対し，単純過去は話者の現在とは切り離された独立の時間圏としての過去を示します．単純過去は自分でその形をつくれる必要はなく，テキストに現れたものについて，それがどの動詞の単純過去か見分けることができればそれで十分です．単純過去の形は不定法の語幹から容易にそれと見分けられる形，あるいは過去分詞と似通った形をしているので，下にあげるいくつかの動詞を除いてはその識別にそれほど苦労することはありません．また話者（je），及びその聞き手（tu）が属する時間である現在とは独立した時間圏である単純過去の世界で用いられるため，用いられる人称はほとんど 3 人称です．したがって記憶する場合も 3 人称の形を覚えれば十分です．特に être と faire の形は必ず明瞭に区別して記憶しておく必要があります．3 人称複数は -rent という語尾で終わります．

　　不定法に似通った語幹をもつもの　　　　il arriva, ils arrivèrent (arriver)
　　過去分詞に似通った語幹をもつもの　　　il prit, ils prirent (prendre, 過去分詞 pris)
　　不定法からも過去分詞からも推測がつかない動詞　　il fut, ils furent (être)
　　　　　　il fit, ils firent (faire)　　　　il vit, ils virent (voir)
　　　　　　il vint, ils vinrent (venir)　　il tint, ils tinrent (tenir)

☆単純過去の動詞がいくつか連続して出てきた場合，それらの動詞で表される行為・出来事がその動詞の出現順に間をあまり置かずに生起したことを示します．その動詞と動詞の間に関係詞が出てきても後ろから訳したりしないように注意してください．

　　Il arriva, déposa sa valise, commença à raconter des histoires qui nous amusèment.
　　　彼は到着し，トランクを置き，話を始めたが，その話はわれわれを面白がらせた．

2. 直説法前過去 passé antérieur

　前過去は「avoir もしくは être の単純過去＋過去分詞」の形であり，単純過去で表される行為・出来事の直前の行為・出来事を表します．しばしば〈dès que〉という接続詞句とともに用いられます．これも単純過去と同様三人称の形を覚えれば十分です．

　　Dès que la nuit fut tombée, il partit tout seul.

3. 接続法半過去 imparfait du subjonctif

　主節に示された基準となる時が過去であり，従属節に接続法が要求される場合，その接続法が基準時と同時の出来事や，基準時より後に起きることを示しているときには，文章語では接続法半過去が用いられます．口語，現代の文章語ではこの接続法半過去はしばしば接続法現在によって代用されます．形態は 3 人称単数では単純過去に非常に近い形（しばしばアクサン・シルコンフレックスを伴う）になり，3 人称複数では単純過去の -rent という語尾ではなく -ssent という語尾が現れます．例えば次のようになります．

| 単純過去 | il arriva | ils arrivèrent | il fit | ils firent | il finit | ils finirent |
| 接続法半過去 | il arrivât | ils arrivassent | il fît | ils fissent | il finît | ils finissent |

Il doutait que sa femme partît.

4. 接続法大過去 plus-que-parfait du subjonctif

　主節に示された基準となる時が過去であり，従属節に接続法が要求される場合，その接続法が基準時より時間的に先立つことを示しているときには，文章語では接続法大過去が用いられます．口語，現代の文章語ではこの接続法大過去はしばしば接続法過去によって代用されます．形態は「avoir もしくは être の接続法半過去＋過去分詞」の形になります．

Il eût fini　　ils eussent fini　　il fût descendu　　ils fussent descendus

Il doutait que sa femme fût partie.

5. 条件法過去第二形 deuxième forme du conditionnel passé

　文章語ではしばしば，条件法過去の代わりに接続法大過去の形が用いられます．これを条件法過去第二形といいます．

S'il eût cessé de voir M. de Rênal, en huit jours, il l'eût oublié.

上の文を現代の通常のフランス語に書き換えれば以下のようになります．

S'il avait cessé de voir M. de Rênal, en huit jours, il l'aurait oublié.

Appendice 2　フランス作詩法 Versification française

　Poésie という語には文学ジャンルとしての「詩」や書物の表題となる「詩集」，さらに「詩情」といった色々な意味がありますが，一般に具体的なひとつひとつの「詩篇」を指すときは poème という語を使います．そしてこの poème を構成する一行一行のことを「詩句」vers と言います．vers にはまた「散文」prose の対立概念としての「韻文」という意味もあります．一口に詩と言っても形態は様々ですが，特に「正規の韻文詩」vers réguliers を作るうえでの諸規則，約束事が「作詩法」versification です．ほかにも art poétique（詩法，詩学）という言葉がありますが，こちらは個々の作家の詩に関する考えや理論を指す場合が多く，一方「作詩法」は詩を書くうえでの具体的，形式的な諸規則全般を指しています．俳句に季語，短歌に三十一文字の制約があると同じようなものと思ってください．以下に説明する基本を正しく理解すれば，詩の鑑賞が一段と楽しいものになるでしょう．

1．音節 syllabe の数え方

　母音1つが1音節です．母音字ではなく，音が単位ですから注意しましょう．初級文法で学んだ音節の区切り方を参考にして，次の単語の音節を数えてみましょう．

　　animal [a-ni-mal], saison [sɛ-zɔ̃], laissez [lɛ-se], obstiné [ɔps-ti-ne]
　　sanglots [sã-glo], autrefois [o-trə-fwa], anthologie [ã-tɔ-lɔ-ʒi]

本書の第 15 課に収録したランボーの次の詩句は，ちょっと注意が必要です．

　　Et j'irai loin, bien loin, comme un bohémien.
　　[e-ʒi-re-lwɛ̃-bjɛ̃-lwɛ̃ / kɔ-mœ̃-bɔ-e-mi-ɛ̃]

loin, bien は 1 音（母音融合 synérèse），bohémien は 4 音（母音分離 diérèse），comme un は音がつながって（語末の e の音［ə］が脱落して）2 音になります．

2．詩句 vers

　一定の音節数をもった1行を詩句といいます．各詩句冒頭にくる単語の頭文字は大文字にします．

　　Enfin Malherbe vint, et le premier en France,
　　Fit sentir dans les vers une juste cadence,

　　[ã-fɛ̃-ma-lɛr-bə-vɛ̃ / e-lə-prə-mje-ã-frãs]
　　[fi-sã-tir-dã-le-vɛr / y-nə-ʒys-tə-ka-dãs]

韻文詩の場合，無音の e も 1 音節として数えますが，詩句末尾の e は音節として数えません．したがって，上の場合 juste も cadence もともに 2 音節です．（ただし母音や無音の h があとに続くときはcomme un のように脱落します．また pluie, aimée, oublie, essaierai, chantaient などに含まれる母音と隣接する無音の e は近代以降は一般に発音されません．）

上の各詩句は数えてみると 12 音節でできていることが分かります．別の言い方をすると，この詩句の「韻律」mètre は 12 音節であり，この 12 音節でできた詩句のことを「アレクサンドラン」alexandrin と呼びます．

上のアレクサンドランはさらに 6 音— 6 音のシンメトリックな構造になっており，中間の切れ目を「区切り」césure と呼んでいます．

3. 詩節 strophe

一定数の詩句の集まりを詩節と言います．詩節と詩節の間は 1 行空けます．

1 詩節に含まれる詩句の数に決まりはありませんが，4 行で 1 詩節をなす場合が多く，これを文字通り「4 行詩」quatrain と呼びます．本書第 11 課のユゴーの詩は，それぞれ 4 行詩 2 つ，4 行詩 3 つでできています．

4. 脚韻 rime

詩句末で同一音が繰り返されることを脚韻と言います．つまり同一音が響きあうことで「韻を踏む」のです．脚韻は母音1つが基本単位です．第2項で引用したボワローの詩では France と cadence [ãs]（母音＋子音）が韻を踏んでいます．このように脚韻は「区切り」などとともに詩に「律動」rythme を与えます．

語の最後の音節が有声母音 voyelle sonore のときを男性韻 rimes masculines，無音の e のときを女性韻 rimes féminines と言います．

男性韻：parlé-imité, espoir-soir, blanc-tremblant
女性韻：grise-bise, givre-cuivre, prophétique-antique

上の例で parlé-imité は [e] という母音しか韻を踏んでいませんが，blanc-tremblant では [blã] と母音に先行する子音も同一音です．これを「支持の子音」consonnes d'appui といいます．例えば ensemble-ressemble には 1 つの母音に子音が 3 つ [sãbl] 付いています．

同一の単語では韻を踏むことはできませんが，形と音が同じでも別の単語であれば脚韻として認められます．次の詩句では「手摺り」という意味の名詞 rampe と，「這う」という意味の動詞 rampe が韻を踏んでいます．

> Et l'ombre de la rampe
> Qui le long du mur rampe

　脚韻の種類には例えば aabb と同一音が 2 行ずつ並んだ「平韻」rimes plates, abab と交互に並んだ「交韻」rimes croisées, abba と抱きかかえるような「抱擁韻」rimes embrassées などがあります．

5．畳韻法 allitération と半諧音 assonance

　三好達治は『詩を読む人のために』のなかで島崎藤村の「千曲川旅情の歌」をとりあげ，次のような同一音の反復を指摘しています．

> 「小諸なる　古城のほとり　／　雲白く　遊子悲しむ」
> [Komoro naru Kojo no Hotori / Kumo siroku Yusi Kanasimu]

　ここでは [k] と [o] の音が多く反復され，独自の効果をもたらしています．このように同一子音が繰り返されることをフランス詩の場合には畳韻法，母音の反復を半諧音と呼びます．これらは脚韻とともに詩に「諧調」harmonie を生み出すための手法と考えていいでしょう．次の詩節を声を出して読んでみてください．

> Les sanglots longs / Des violons / De l'automne
> Blessent mon cœur / D'une langueur / Monotone

　子音では [l] の音，母音では [o] [ɔ] [ɔ̃] の類似音が多いことに気づかれたことでしょう．本書に収録したランボーの詩のなかでも，Les parfums ne font pas frissonner sa narine などにその例を見ることができます．

6．定型詩 poème à forme fixe

　詩句の音節数や詩節の数，ルフラン refrain などに一定の規則がある詩形を定型詩と呼びます．ソネやバラード，オードなどが代表的なものとしてあげられますが，ここではソネ sonnet について説明します．

　ソネはイタリアのペトラルカなどによって確立されたものが 16 世紀にフランスに伝わり，プレイヤッド派の詩人たちが愛好した形式です．またボードレール以降の近代詩にもこの形式が多く見られます．本書に収録したランボーの「谷間に眠る者」も韻の踏み方が若干緩やかなソネ形式です．もちろんソネはイタリア，フランスの専売特許ではありません．シェークスピアのソネットは有名ですし，日本でも立原道造や谷川俊太郎の作品，『マチネ・ポエティク詩集』などにソネ形式のものが多く見られます．

フランスの正規のソネ sonnet régulier の基本条件は次の三つです．

(1) 4-4-3-3 の 4 詩節からなる 14 行詩であること．
(2) 各詩句の音節数がすべて同じ（等韻律 isométriques）であること．
(3) 脚韻が5種類で，abba-abba-ccd-ede (eed) の構成であること．

このうち第 3 の条件を満たす作品は数少ないのですが，典型的な例としてヴェルレーヌの *Mon rêve familier* を紹介しておきます．ここには作詩法上の様々な工夫が見られますから，それも併せて読みとる練習をしてみて下さい．

Je fais souvent ce rêve étrange et pénétrant
D'une femme inconnue, et que j'aime, et qui m'aime,
Et qui n'est, chaque fois, ni tout à fait la même
Ni tout à fait une autre, et m'aime et me comprend.

Car elle me comprend, et mon cœur, transparent
Pour elle seule, hélas ! cesse d'être un problème
Pour elle seule, et les moiteurs de mon front blême,
Elle seule les sait rafraîchir, en pleurant.

Est-elle brune, blonde ou rousse ? — je l'ignore.
Son nom ? Je me souviens qu'il est doux et sonore
Comme ceux des aimés que la Vie exila.

Son regard est pareil au regard des statues,
Et, pour sa voix, lointaine, et calme, et grave, elle a
L'inflexion des voix chères qui se sont tues.

7. 散文詩 poème en prose

正規の韻文詩以外にも韻律（詩句の音節数）が不揃いだったり，韻の踏み方が不十分な「自由詩」 vers libre などがありますが，いままで述べてきた様々な規則をすべて無視して，散文と詩という相容れないジャンルをひとつに融合したものが散文詩です．フランスでは 19 世紀に確立しましたが，その代表が本書にも収録したボードレールの作品です．ボードレール自身が『パリの憂鬱』の序文で散文詩の定義をしていますから，最後にそれを見ておきましょう．

Quel est celui de nous qui n'a pas, dans ses jours d'ambition, rêvé le miracle d'une prose poétique, musicale sans rythme et sans rime, assez souple et assez heurtée pour s'adapter aux mouvements lyriques de l'âme, aux ondulations de la rêverie, aux soubresauts de la conscience ?

〈参考書〉
P. ギロー（窪田般弥 訳）「フランス詩法」（白水社，文庫クセジュ，1971）
杉山正樹「やさしいフランス詩法」（白水社，1981）
鈴木信太郎「フランス詩法」上下2巻（白水社，1954）

担当者一覧

1.	国連総会	世界人権宣言	ミカエル・フェリエ
2.	ルナール	博物誌	井原　鉄雄
3.	モリエール	町人貴族	鈴木　康司
4.	サンドラール	シベリア横断鉄道	ミカエル・フェリエ
5.	カミュ	異邦人	三浦　信孝
6.	ラ・フォンテーヌ	からすときつね	鈴木　康司
7.	ダントン	立法議会での演説	小野　潮
8.	ボードレール	異邦人，港	井原　鉄雄
9.	モーパッサン	ジュール叔父	梅田　正隆
10.	アベ・プレヴォー	マノン・レスコー	永見　文雄
11.	ユゴー	静観詩集	加藤京二郎
12.	ペレック	眠る男	ミカエル・フェリエ
13.	コンスタン	アドルフ	永見　文雄
14.	スタンダール	赤と黒	小野　潮
15.	ランボー	谷間に眠る者，感覚	加藤京二郎
16.	フローベール	聖ジュリアン伝	梅田　正隆
17.	ルソー	ジュリ，または新エロイーズ	永見　文雄
18.	セリーヌ	夜の果ての旅	ミカエル・フェリエ
19.	百科全書	日本	小野　潮
20.	ゾラ	オ・ボヌール・デ・ダム百貨店	小野　潮
21.	パスカル	パンセ	永見　文雄
22.	サルトル	黒いオルフェ	三浦　信孝
23.	プルースト	失われた時を求めて	斉木　眞一

綴字と発音 (1) (2) 　　　　　　　　　　　　　　　　加藤京二郎

Appendice 1　　動詞の時称　　　　　　　　　　小野　潮
Appendice 2　　フランス作詩法　　　　　　　　加藤京二郎

朗読 (CD) 　　　　　　　　　　　　　　　　　　ミカエル・フェリエ
　　　　　　　　　　　　　　　　　　　　　　　カトリーヌ・ボレンステン

コデックス―フランス語講読入門―
（CD 付）

中央大学仏文学研究室編著
（編集責任者：加藤京二郎）

2002. 5. 1　初版発行
2021. 4. 1　5 刷発行

発行者　井 田 洋 二

発行所　〒101-0062 東京都千代田区神田駿河台 3 の 7
電話　03 (3291) 1676　FAX 03 (3291) 1675
振替　00190-3-56669

株式会社　駿河台出版社

製版　欧友社／印刷・製本　三友印刷
ISBN978-4-411-01333-0 C3085
http://www.e-surugadai.com